U0590622

建筑施工

企业成本管理研究

崔晓艳　张　蛟◎著

延边大学出版社

图书在版编目（CIP）数据

建筑施工企业成本管理研究 / 崔晓艳, 张蛟著. --
延吉 : 延边大学出版社, 2019.6
ISBN 978-7-5688-7196-9

Ⅰ. ①建… Ⅱ. ①崔… ②张… Ⅲ. ①建筑施工企业
－成本管理－研究 Ⅳ. ①F407.9

中国版本图书馆CIP数据核字(2019)第135951号

建筑施工企业成本管理研究

著　　者：崔晓艳　张　蛟
责任编辑：孟祥鹏
封面设计：吴　倩
出版发行：延边大学出版社
社　　址：吉林省延吉市公园路977号　　　邮　　编：133002
网　　址：http://www.ydcbs.com　　　　E-mail：ydcbs@ydcbs.com
电　　话：0433-2732435　　　　　　　传　　真：0433-2732434
制　　作：山东延大兴业文化传媒有限责任公司
印　　刷：天津雅泽印刷有限公司
开　　本：880×1230　1/32
印　　张：7.5
字　　数：166千字
版　　次：2019年6月第1版
印　　次：2019年6月第1次印刷
书　　号：ISBN 978-7-5688-7196-9

定价：55.00元

　　成本领先是企业在竞争中取胜的关键战略之一,成本控制是所有企业都必须面对的一个重要管理课题。企业无论采取何种改革、激励措施都代替不了强化成本管理、降低成本这一工作,它是企业成功最重要的方面之一。有效的成本控制管理是每个企业都必须重视的问题,抓住它就可以带动全局。

　　对于建筑企业来讲,在施工过程中,成本管理可以为企业创造尽可能多的经济效益。企业成本管理的专业能力和质量管理人员工程造价管理的综合素质密切相关,影响的成本各种因素也与施工过程同步,因此,要提高施工成本管理的质量,我们需要建立完善的施工成本管理体系,从而降低企业的资本投资,提高经济效益,增强企业的市场竞争力。

　　施工项目成本管理包括项目建设的各个方面,不仅包括从成本估算到结算的管理全过程还包括将成本控制理念渗透到其他的施工工艺、方法和管理的全面成本管理理论。

　　目前,大多数施工企业尚未形成一套科学的成本管理体系,系统成本目标和成本管理仍仅限于狭窄的资源成本降低,缺乏成本管理目标。

　　因此,建筑公司应建立并实施严格的责任、权利和利益的成本控制体系。根据企业各自的管理职责和各项管理功能，科学的控制管理成本，首先，必须确定成本管理项目经理，对各部门的系统和每个员工的工作职责与工作范围进行明确界定；其次，考虑到各自的权利，使其能够充分有效地履行职责；最后，根据其完成工作的质量，需要使用某些利益激励员工，调动员工的积极性。坚持责任与权利的协议，自上而下逐层实施的原则，使项目成本管理责任制，做到既无真空地带也无重叠空间。

目 录

CONTENTS

第一章 建筑施工企业成本管理概述

第一节 成本、成本管理的概念

一、成本管理方法的发展过程

成本管理是一个历史范畴,人类社会的工业文明史也是一部成本管理的发展史。从早期的立足于减少浪费、降低消耗;历经扩大生产规模的追求规模经济阶段,到注重成本形成的全过程;最后到追求全过程的成本管理,重视利用新技术、新理论,追求战略成本优势。成本管理的演变一直没有停止过,促使成本管理不断变革的因素主要包括市场、技术和制度的变化。

成本管理是从19世纪至20年代后期发展起来的,但作为成本管理基础的成本核算,却在15世纪中叶就已经出现,其产生于人们计算销售损益的需要。在人类早期漫长的生产和交换历史中,由于生产力水平较低、科技不发达、企业规模普遍较小、产品品种单一,整个市场产品供不应求,处于卖方市场,所以消费者只是产品的接受者,根本没有多大的选择余地。在这种条件下,企业经营活动的重心自然是想方设法提高生产效率、增加产量,成本核算只是企业生产经营活动的一个附带职能。那时生产者只是在产品销售后用盘存的方法，倒轧出销货成本，以计算销售损益。由于必须等到商品销售后才能算出其成本，所以倒轧法往往不能满足产品定价和及时计算企业损益的需要。为了在产品完工后就能及时了解产品成本的情况，人们积极探索，形成了以实际成本为主要内容的成本核算方法。

1750年，英国人詹姆斯·多德森为他的亚麻制袜厂设计了存货、纺麻、漂白、染色、织袜、整理等步骤的记录，最后可计算出每双棕色长袜的成本，初步形成了分步成本计算法的模式。随后，由于近代工厂制度的建立，间接制造费用急剧增加，间接费用如何分配到各个产品中去成为当时成本研究的一个重要课题。

1889年，英国会计师诺顿在《纺织工业簿记》一书中，主张将成本分为主要成本和间接费用两大部分，主要成本按产品进行分配，间接费用则直接转到损益账户中，设计出了制造成本法的模式。这一时期，成本管理的思想尚在酝酿之中，主要体现在事后按一定方法对销售产品的成本进行核算，并将企业各年的实际成本进行比较。这些虽然为下期产品的生产和销售提供了具有指导意义的成本信息，但仍局限于事后对成本被动地反映，并不能达到及时控制生产耗费的目的，所以它不适用于成本管理，当时主要用于产品定价和期间损益的计算。不过，这些成本核算意识及方法的产生为以后成本管理的发展奠定了良好的基础，其中许多方法如今仍在广泛应用。

20世纪以后，随着资本主义社会生产力的迅速发展，社会资本逐渐向大企业集中，企业规模不断扩大，使经营管理日益复杂化，而且大量生产促使平均利润率下降，迫使企业必须改变凭经验或惯例进行管理的传统方法，合理地进行内部管理。1911年，美国工程师弗雷德里克·温斯洛·泰勒发表了著名的《科学管理原理》一书，将科学引进了管理领域，提出了"以计件工资和标准化工作原理来控制工人生产效率"的思想。随后，会计中的标准成本、差异分析和预算控制等技术方法便应运而生。与以前仅利用数值进行成本计算的方法不同，标准成本法要求预先制定作为规范的标准数值，在生产经营过程之中，随着生产耗费的发生，将实际资金耗费与标准成本值相比较，从中揭示实际耗费脱离标准的差异，以便及时采取相应的措施予以调节。

20世纪30年代以后，标准成本计算同财务会计方法结合起来，将标准成本的使用纳入了会计核算体系，产生了一种标准成本法与成本核算相结合的成本管理制度——标准成本会计制度。以标准成本和差异分析为主要内容的成本管理，把标准成本和差异分析纳入会计体系中，通过严密地事先计算与事后分析，可促进企业用较少的材料、工时和费用生产出较多的产品。其综合表现就是降低生产成本，从而提高生产经济效果。可见，以泰勒的科学管理学说为基础的成本管理，对促进企业提高生产效率和生产经济效果具有积极的推动作用。福特流水线是福特公司利用改进过的设备组成的典型流水线生产，从而使生产工艺的整体效率得到大幅提高。这其中最值得一提的是各工序操作及零配件的标准化，大大降低了劳动的复杂程度，提高了生产效率，使单位产品的成本得以降低，体现了技术与管理的结合。因而，总的来说，这个时期的成本管理还只是局部性、执行性的,是成本管理发展历程的初级阶段。这个时期的成本管理追求的是"效率",它强调的是把事情做好。

从20世纪50年代开始,西方国家经济发展出现了许多新的特点,主要表现在:一是现代科学技术发展突飞猛进,并大规模应用于生产领域,从而使社会生产得以迅速发展。二是西方国家的企业进一步集中,跨国公司大量涌现,企业规模越来越大,生产经营日趋复杂,市场情况瞬息万变,企业竞争更加剧烈。这些新的情况和环境,使企业管理现代化的管理理论和方法不断涌现。成本管理的范围逐渐扩大,从注重生产过程的成本管理,逐步扩大到产品的生命周期。二十世纪四十年代以后,麦尔斯提出了价值分析的思想,并逐步形成价值工程理论与方法体系,价值工程在产品设计领域得到了广泛的应用。该理论在产品设计的初期就研究产品成本与功能的优化,实现了在设计阶段控制成本的目的。

质量成本的概念是20世纪50年代由美国著名质量管理专家菲根堡姆提出的,他把质量成本同企业的经济效益联系起来,这对质量管理理论、方法的研究和改变企业经营观念具有重要意义。美国质量管理专家朱兰提出,质量成本是企业为保证和提高产品质量而支出的一切费用以及因未达到既定质量水平而造成的一切损失之和。按照菲根堡姆的划分方法,质量成本由下述四个部分组成:预防成本、鉴定成本、内部损失成本、外部损失成本。质量成本概念是随着质量管理工作向纵深发展而产生的,它使成本控制范围扩展到了产品售后服务。

20世纪60年代初期,关于产品生命周期成本计算与管理理论及方法成为研究的焦点,这是早期的产品生命周期成本理论。该理论综合考虑了产品的采购成本、使用期间的使用成本和废弃处置成本,最终降低产品生命周期成本。这一理论首先应用于国防工业,对于控制国防经费支出更是具有重要的意义。成本设计的理论与技术方法体系是产品生命周期成本管理的重要技术。从20世纪70年代起,生命周期成本计算被广泛应用于民用工业,并从多视角研究产品生命周期成本。

20世纪70年代以后,企业运作模式出现了日新月异的发展,以MRP/ERP、约束理论、敏捷制造、柔性制造、精益生产、计算机集成制造系统为代表的先进制造方式和工业工程理论应运而生。在新的形势下,成本管理与运作模式相结合是管理科学向纵深发展的必然规律,研究成本管理与运作的关系及其运用是现代成本管理和工程的必然要求。这一时期涌现了很多新的成本管理理论与方法,具有代表性的有战略成本管理、作业成本管理、成本企划等。

20世纪80年代以来,经济全球化、信息化不断发展以及知识在经济中所占的比重逐步加大,成为企业外部环境的突出特征,而正是这些环境特征促使企业由纵向一体化的管理模式向以供应链管理为代表的横向一体化的管理模式转变。历史证明,促使成本管理不断变革的动力正是上述市场技术和制度因素的变迁。

二、现代成本管理的特点

现代管理科学是十分庞大而复杂的知识体系,现代管理科学的形成和发展,对成本管理的发展,在理论上起着奠基和指导的作用,在方法上赋予其现代化的管理方法和技术,使其面貌焕然一新。

（一）成本管理的范围、层次与经营环境相适应

经营环境和运作模式的变化是当今企业经营环境的主要特征。因此,根据经营环境与经营模式变化对成本管理的影响,成本管理应该研究成本管理在运营模式变化中的地位和作用。

成本管理应与企业经营环境变化相适应,成本管理应对组织如何适应环境变化提供适当支持。以往的成本管理专注于维持现状,缺乏尝试变革的勇气。例如,标准成本系统就隐含"墨守成规"之意,不鼓励创新和变革。战略成本管理与作业成本管理的产生和应用就是成本管理与组织结构之间共生互动性的一个典型素材。

成本管理理念应该随着环境的变化而变化。在组织层面上,人们广泛接受这样的观念,成功的企业组织必须始终坚持以顾客为中心、缩短对顾客要求的反应时间。精益生产、自我指挥工作团队的出现改变了员工完成其工作所需信息的类型,各个独立组织的合作不断增强,模糊了供应商、制造商和销售商之间的界限,跨组织之间的合作意味着决策和管理所需要的信息必须相应地改变。显然,这些变化对成本管理方式将产生深远的影响。

随着环境和组织结构的变化,成本管理将会在定义、本质特征以及范围上发生根本性变化。成本管理不再仅仅是管理人员的行为,而已经成为每一个企业员工的自觉行为。因此,成本管理将涵盖组织整体,而不仅是会计人员和中层管理人员。

现代企业组织结构正从"金字塔"式转向"扁平"式,其管理方式正从"集权管理"转向"分权管理"。与之相适应,企业成本管理系统也将从原先的纵向信息传递与利用转向横向信息传递与利用。

(二)现代信息技术与成本管理相结合

当前的成本管理不但为企业内部经营管理服务,而且其范围逐步向跨企业间成本管理扩展,因此,充分认识成本管理系统如何影响企业经营管理、决策是相当重要的。成本管理将全面介入产品设计、生产、营销和售后服务过程的决策。只有这样,成本管理才能知道决策者需要什么信息,才能做到将相关信息适时地提供给相关的人。今后研究的重点将放在如何切实发挥成本管理信息在制定战略决策与战术决策方面的作用上。成本管理如何为企业的战略定位提供富有经济内涵的信息,将成为未来成本管理理论研究的重要课题。由于各部门在管理目标、管理手段和处理方法等方面的不同,特别是传统的分工模式和责任成本管理模式所造成的壁垒,使得在成本管理中形成许多信息孤岛、功能孤岛和组织孤岛。这些孤岛的存在,不仅使基础成本信息不能共享,还自行制造出许多不一致、冗余的成本信息,有时甚至诱导错误决策;各部门在成本管理中自行其是,难以形成成本管理的合力,往往事倍功半。

随着信息技术的不断进步,与成本管理相关的管理支持系统越来越多地被引用到企业管理中来,系统的集成水平越来越高。新的管理理念与管理支持系统相互结合,逐渐克服了企业中的成本管理孤岛问题,给管理孤岛问题提供了很好的解决方案。[①]

三、施工项目成本管理与企业成本管理

施工项目成本是指建筑施工企业以施工项目作为成本核算对象,在施工生产过程中所耗费的生产资料转移价值和劳动者的必要劳动所创造的价值的货币形式。也就是说,某施工项目在施工过程中所发生的全部生产费用的总和,包括所消耗的主、辅材料,各种配件、周转材料的摊销费或租赁费,施工机械的台班费或租赁费,支付给生产工人的工资、奖金以及施工项目部为组织和管理工程施工所发生的全部费用支出。当然,施工项目成本一般不包括劳动者为社会所创造的价值(如税金和利润),也不应包括不构成施工项目价值的一切非生产性支出。

施工项目成本管理由于自身所处的重要地位,已经成为建筑施工企业经济核算的基础,是企业成本管理中不可缺少的有机组成部分。但是,施工项目成本管理同企业成本管理既存在着必然的联系,也有着原则性的区别,不能简单地把企业成本理解为施工项目成本数字上的叠加,也不能盲目地把施工项目成本理解为企业成本的直接分解,这两种倾向都将导致施工项目成本管理走入误区。

企业是投资中心、利润中心,而施工项目是企业的成本中心。随着建筑业市场竞争日益激烈,建筑施工企业在实现经营机制转换的过程中,企业内部的管理体制、运行方式及核算

---

①吴少平. 现代成本管理第2版[M]. 北京:经济管理出版社,2012.

体系发生了深刻地变化。施工项目作为建筑施工企业最基本的工程管理实体,作为建造合同的履约主体,肩负着对完整的建筑产品进行全面、全过程管理的责任。这种基本管理模式的变革,促使建筑施工企业将其管理重心向施工项目转移,以应对建筑市场日益激烈的竞争形势,求得企业生存、发展的空间。其中最为深刻的举措,就是企业利润中心地位和施工项目成本中心职能的分离。施工项目以崭新的成本中心形象有力地支撑着企业利润中心作用的发挥,而企业作为利润中心又有效地制约、指导着施工项目成本中心作用的发挥。

施工项目是企业的成本中心,是指建筑产品的价格在合同内确定之后,企业剔除产品价格中的经营性利润和应收取的费用部分,将其余部分以预算成本的形式,连同所有涉及建筑产品的成本负担责任和成本管理责任,转移到施工项目中,要求施工项目经过科学、合理、经济地管理,降低实际成本,取得相应效益。这就从根本上改变了计划经济体制下施工管理人员不承担任何经济责任和成本管理责任的传统,促进了企业经营机制转换取得质的突破,从而推动整个企业以施工项目为阵地,全方位地面向市场参与竞争,取得发展主动权。同时,企业在将成本中心管理职能及相应的权限下放到施工项目后,将集中行使利润中心的管理职能,从事高一层次的经营管理业务,扮演经营者、投资者和监督者的角色。

与企业成本管理相比,施工项目成本管理具有鲜明的特征。对于施工项目成本管理,应当以全新视角加以对待,不能简单地认为把建筑施工企业的成本核算内容和方法下放至施工项目中,施工项目成本管理就可以自然而然地形成并发挥预期的作用。事实上，施工项目成本管理是对施工项目成本活动过程的管理，这个过程充满着不确定因素，而不仅局限在会计核算的范畴内。施工项目成本核算具有独特的规律性特点，而这些特点又是与施工项目管理所具有的本质联系在一起的。不了解施工项目成本管理的特点，就无法真正搞好这项工作。施工项目成本管理与企业成本管理的区别表现在以下方面。

（一）管理对象不同

施工项目成本管理的对象是具体的某一个施工项目，它只对该项目所发生的各项费用加以控制，仅对施工项目的成本进行核算。企业成本管理的对象是整个企业，它不仅包括各个项目经理部，还包括为施工生产服务的附属企业以及企业各职能部门，它是对企业内部生产经营活动全过程、全员的全面成本管理。

（二）管理任务不同

施工项目成本管理的任务是在企业健全的成本管理经济责任制下，以合理的工期、优质和低耗的成本建成工程项目，完成企业下达的管理目标。企业成本管理则是根据整个企业的现状和水平，通过对资源、费用的合理调配以及对生产任务的合理摊派，使整个企业的成本、费用在一定时期内控制在预定的目标内。

（三）管理方式不同

施工项目成本管理是在项目经理责任制下的一项重要的项目管理职能，它是在施工现场进行的，与施工过程的质量、工期等各项管理同步，管理应及时、到位。企业成本管理按照行政手段进行管理,层次多、部门多,管理者也不在现场,而是由各部门参与管理,成本管理与施工过程在时间和空间上分离,容易出现管理不及时、不到位、不落实的现象。

(四)管理责任不同

施工项目成本管理是由施工项目经理全面负责的,项目的盈亏与项目经理部全体人员的经济责任挂钩,因此必须责任明确、管理到位。企业成本管理强调部门成本责任制,成本管理涉及各个职能部门和各下属单位,难以协调,因此,在管理上,往往谁都有责任,但谁也不能负责,容易出现管理松懈、流于形式的情况。

第二节 建筑施工企业的行业特点

伴随着经济社会的发展和人民自身生活水平的相对提高,人们对精神方面的需要也随之增加。在此基础上,人们对日常所生活的空间也提出了相应的个性化的需要。可见,人们更加注重对美观和舒适度的个性化需求。对于建筑行业来讲,由于受其发展的不断需求,在现代的发展中处于高度的发展优势。下面结合当前社会发展的客观实际,认真分析我国建筑行业发展的主要特点,进而进行主要发展趋势的研究。

一、我国建筑行业的主要发展特点

(一)民营成分偏重

社会经济的高速发展,伴随而来的是我国整体的国有的建筑行业的逐渐改造。随着国有建筑企业的相对改造,具有民营成分的企业在整体的建筑行业中的比重也相对增加。从整体上看,我国的建筑行业整体的所占比重逐渐从以外资主导地位转变为内资主导地位的发展趋势。

(二)从业者数量庞大

对于整体的行业的发展水平来讲,主要参考的是企业的整体规模和数量。随着建筑行业的不断发展,加之建筑行业的改制,建筑行业总体的规模在不断地扩大。随着建筑行业发展规模的逐年扩大,伴着而来的是主要从业者数量的增长。在主要的从业者中,从事具体施工的一线人员所占的比例较大。其次是主要的管理、技术等人员。可见,从整体上进行分析,我国建筑行业的主要从业者多数来源于农民工。针对目前的主要发展趋势来讲,建筑行业的整体的市场发展规模有所下降,各企业也逐渐地意识到这一点,并开始加强对其的不断管理。对于从业者的管理来说,应该主要加强对其自身的从业素质的管理。

(三)市场竞争激烈

伴随着经济体制改革的相对浪潮和我国对外开放发展步伐深入,建筑行业也在此基础上得到了相应的发展。对于建筑行业自身来讲,由于其发展的客观实际,多数采取的是民营管理。现今主要发展阶段,在我国的建筑市场中,出现了多种经营的发展形式。如:股份制、合资制等形式,进而形成了较为多元的发展局面。在不断发展与竞争的环境中,一些具有较强优势的企业逐渐的壮大起来。

(四)专业分工较为细化

相比传统的建筑行业,我国现代建筑行业的发展对技术层面的要求更高。对从业人员的要求来说,不仅要求其应具有较为熟练的技术和专业技巧,同时还要求其应该具有相应的美学知识,加之较强的艺术鉴赏能力。随着人们的需求日益多样化,对于建筑行业自身发展来讲,分工也逐渐地精细。而对于各种工种来讲,需要其进行相互的不断配合来共同完成。比如我们所常见的焊工和瓦工等。由于施工过程中的程度相对复杂,还需要不同环节之间的有效配合。

(五)较高的产业关联度

我国建筑行业的不断迅猛发展,同时在一定程度上也促进了与其相关行业的不断发展,如:旅游业和出口业等。人们在一些建筑装饰装修上的消费,也在一定程度上促进了相关服务行业等发展。不断推动与建筑相关的产品的更新与升级。同时也促进了科技力量的相对投入,进而推动整体的建筑行业良性化发展。[①]

二、我国建筑行业的主要发展趋势

(一)建筑行业呈较快速度发展

随着城镇化的发展,居民可支配收入的相对增加,大量的人开始逐渐涌入城市。但是从整体上来说,我国的城市发展与发达国家的发展水平还存在一定程度上的差距。但是从整体上的历程来看,我国的城市化发展速度呈持续的增长趋势。

---

①许运桥. 浅析我国建筑行业发展现状及未来态势[J]. 城市建筑,2013,(20):199.

仅从住宅装饰装修的层面来说,居民对其的需求量就在逐年地增加,同时也将会带动整体的装饰装修行业的不断发展。从另一层面来说,随着我国城镇化发展的加快,人们从整体上对所居住和生活的环境有了更高的追求。对于建筑行业的发展来说,也是助推其不断发展的动力。

(二)西部开发成为新经济增长点

对于我国整体的建筑行业的发展来说,高度发展主要集中在广东、上海、深圳等主要发展城市。可见,建筑行业的发展起源于东部沿海地区,由于其经济发展较快,人民生活水平相对较高。而西部大开发战略的提出,对于整体的国民经济来说,是一个重大的发展机遇。随着国家对西部地区发展与投资的重视,西部地区的整体在人才和技术方面得到了有效的支持,因此西部地区会不断地迅猛发展。而建筑行业作为与人们生活密切相关的行业,在西部发展中也将发挥其自身的优势作用。

(三)品牌化、集约化发展

人们对建筑行业有关的需求不断地增长,如建筑装饰业等。对建筑企业来讲面临着较为巨大的发展优势,但是想占有自己发展的一席之地还相对的较难。这就要求其在不断地发展中应加强自身品牌意识的培养。树立具有自身优势的品牌。不断加强发展,促进自身实力的相对增加。与此同时还应注意相对集约化的发展。只有在树立一定品牌基础上的相对集约化发展,才能达到其自身不断发展的目的。进而在不断发展的过程中,给消费者带来一定方便的同时,促进其自身的发展,进而建立起一支具有高标准、严要求的队伍。促进企业的不断发展,增长其管理的科学性和先进性。

(四)相对机遇和挑战并存

对于我国的建筑行业发展来说,未来的发展更要侧重于住宅建筑业的方向上,将其作为新的经济发展增长点。对于主要的建筑装饰装修行业来讲,具有巨大的发展优势,这点不仅在主要的国内建筑装饰企业有所体现,对于国外的建筑装饰装修行业来说也具有同样的作用。可见,对于我国的建筑行业的总体实际来讲,其具有十分美好的发展前景,但是其中还具有一定程度上的挑战。可以说具有相对的发展机遇与挑战并存。

综上所述,由于我国建筑行业自身的发展特点,在不断的发展过程中应看到其良好的发展前景。在不断发展的同时还应注意到在发展过程中所面临的挑战。进而在面对挑战的过程中进行有针对性的应对,促进我国建筑行业的良性发展。

第三节　建筑施工企业成本管理的职能和任务

一、施工项目成本的分类

施工项目成本是建筑施工企业的主要产品成本,一般以施工项目的单位工程作为成本核算的对象,通过各单位工程成本核算的综合来反映施工项目成本。根据施工项目的特点、计算标准的不同和成本管理的要求,可将施工项目成本按以下几种标准进行分类。

(一)按成本计算的标准不同分类

按成本计算的标准,可以分为预算成本、计划成本和实际成本。预算成本是根据施工图,按分部、分项工程的预算单价和取费标准计算的工程预算费用。它是控制工程成本支出、考核工程实际成本降低或超支的尺度。工程预算成本一般由直接费(人工费、材料费、施工机械使用费和其他直接费)和现场管理费组成。工程预算成本加间接费、计划利润和税金,即为工程项目的预算造价。在招标投标时,预算造价是建筑施工企业与发包单位签订承包合同和进行工程价款结算的主要指标。

计划成本是根据上级下达的成本降低任务和本企业挖掘降低成本的潜力,预先确定的计划施工费用(材料费、人工费、施工机械使用费、其他直接费的计划成本)。它是以工程预算成本减去降低工程成本措施而获得的经济效益(即节约的费用),是工程成本分析和考核的重要依据之一。

实际成本是在施工过程中实际发生,并按一定的成本核算对象和成本项目归集的施工费用总和。它是反映建筑施工企业施工管理水平和考核企业成本降低任务完成情况的重要依据。

因此,预算成本反映施工项目的预计支出,实际成本则反映施工项目的实际支出,两者的差额为企业的工程成本降低额。工程预算成本与工程计划成本的差额为企业的工程成本计划降低额。

(二)按成本计算的范围不同分类

按成本计算的范围,可以分为全部工程成本、单项工程成本、单位工程成本、分部工程成本和分项工程成本。

全部工程成本是指建筑施工企业从事各种建筑安装工程施工所发生的全部施工费用,亦称总成本。建筑施工企业各内部独立核算单位,应定期汇集和计算各项工程成本,上报工程成本表,企业财务部门应根据内部独立核算单位的工程成本表进行汇总。企业汇总后的工程成本表中所反映的工程总成本,则为企业已实际发生的各项工程施工成本。

单项工程成本是指具有独立设计文件,建成后能独立发挥生产能力和效益的各项工程所发生的全部施工费用,如公路建设中某独立大桥的工程成本、某隧道工程成本以及沥青混凝土路面成本等。

单位工程成本是单位工程施工所发生的全部施工费用。单位工程是单项工程的组成部分。它是指单项工程内具有独立的施工图和独立施工条件的工程,例如,某隧道单项工程,可分为土建工程、照明和通气工程等单位工程;一条公路可分为路线工程、桥涵工程等单位工程。

分部工程成本是指分部工程施工所发生的全部施工费用。分部工程是单位工程的组成部分,一般按照单位工程的各个部位划分,如基础工程、桥梁上下部工程、路面工程、路基工程等。

分项工程成本是指分项工程施工所发生的全部施工费用。分项工程是分部工程的组成部分。按工程的不同结构、不同材料和不同施工方法等因素划分,如基础工程可分为围堰、挖基、砌筑基础、回填等分项工程。分项工程是建筑安装工程的基本构成因素,是组织施工及确定工程造价的基础。

实际工作中,建筑施工企业核算到哪一级成本,应根据工程管理的需要和成本核算的要求来确定。分项、分部、单位、单项工程成本分别从不同侧面反映了建筑安装工程施工费用支出的情况,便于考核有关建筑施工企业或施工项目部的经济效果,为进行经济分析提供资料。

(三)按各项工程施工发生的实际成本分类

按各项工程施工发生的实际成本,可以分为人工费、材料费、施工机械使用费、其他直接费、间接费用等。

人工费包括直接从事施工生产人员的各种薪酬费用;材料费包括用于施工生产的主要材料、构件、其他材料的费用和周转材料(如模板等)的摊销费用;施工机械使用费包括在施工中使用机械的台班费和租赁费;其他直接费包括有关的设计和技术援助费用、施工现场材料的二次搬运费、生产工具和用具使用费、检验试验费、工程定位复测费、工程点交费用、场地清理费用、临时设施摊销费用、水电费等;间接费用是企业下属各施工单位为组织和管理施工生产活动所发生的费用,包括施工、生产单位管理人员工资、奖金、职工福利费、劳动保护费、固定资产折旧费及修理费、物料消耗、取暖费、办公费、差旅费、财产保险费、工程保修费、排污费等。

二、工程计价中建筑安装工程费用的组成

工程造价管理机构或工程预算职能部门在计算工程造价,编制工程预算、结算以及决算时,要按照《建筑安装工程费用项目组成》(以下简称《工程费用组成》)的要求,对工程费用进行分类核算,并按分类项目计算工程预算成本。工程费用之和构成了工程总造价,是建设方和承建方进行结算的主要依据。这一计算口径与成本会计核算存在一定差异。

(一)建筑安装工程费用的组成

在工程计价过程中,建筑安装工程费用作为工程造价的组成部分,包括直接费、间接费、利润、税金四个组成部分。

1.直接费

直接费由直接工程费和措施费组成。直接工程费是指施工过程中耗费的构成工程实体的各项费用,包括人工费、材料费、施工机械使用费。人工费是指直接从事建筑安装工程施工的生产工人开支的各项费用,包括基本工资、工资性补贴、生产工人辅助工资、职工福利费、生产工人劳动保护费等。材料费是指施工过程中耗费的构成工程实体的原材料、辅助材料、构配件、零件、半成品的费用,包括材料原价(或供应价格)、材料运杂费、运输损耗费、采购及保管费、检验试验费。施工机械使用费是指施工机械作业所发生的机械使用费以及机械安拆费和场外运费。施工机械台班单价应由下列七项费用组成:折旧费、大修理费、经常修理费、安拆费及场外运费、人工费、燃料动力费、养路费及车船税。

措施费是指为完成工程项目施工,发生于该工程施工前和施工过程中非工程实体项目的费用。包括:环境保护费、文明施工费、安全施工费、临时设施费、夜间施工费、二次搬运费、大型机械设备进出场及安拆费、模板及支架费、脚手架费、已完工程及设备保护费、施工排水降水费等。

2.间接费

间接费由规费、企业管理费组成。规费是指政府和有关权力部门规定必须缴纳的费用(简称规费)。包括:工程排污费、工程定额测定费、社会保障费、住房公积金、危险作业意外伤害保险费等。

企业管理费是指建筑安装企业组织施工生产和经营管理所需费用,包括管理人员工资、办公费、差旅交通费、固定资产使用费、工具用具使用费、劳动保险费、工会经费、职工教育经费、财产保险费、财务费用、税金(如房产税、车船税、土地使用税、印花税等)等。

3.利润

利润是指建筑施工企业完成所承包工程获得的盈利。

4.税金

税金是指国家税法规定的应计入建筑安装工程造价内的营业税、城市维护建设税及教育费附加等。

(二)与成本会计的区别

成本会计中,成本项目一般包括人工费、材料费、机械费、其他直接费和间接费,但在《工程费用组成》里,没有其他直接费项目,而是将原成本会计中的其他直接费、临时设施费以及原直接费中的非实体消耗费用合并为措施费。预算项目和会计科目在名目、内容上均存在差别。

会计上将检验试验费计入其他直接费核算,但《工程费用组成》规定,检验试验费计入材料费核算。检验试验费在预算成本和实际成本中按不同的口径进行归集核算。《工程费用组成》中规定,非实体消耗性费用均记入"措施费"项目核算。但施工项目会计在周转材料结转方面,一般按会计准则的要求把周转材料费记入"材料费"科目进行核算,与预算成本的归集渠道不一致。[1]

---

①刘渊. 安装工程计量与计价[M]. 南京:东南大学出版社,2017.

三、施工项目成本管理的基础

(一)施工项目加强成本管理的意义

施工项目成本是建筑施工企业生产和销售建筑产品所发生的活劳动和物化劳动消耗的总和,它反映了企业生产经营活动各方面的工作效果,是企业全部工作质量的综合指标。建筑施工企业劳动生产率的高低、原材料消耗的多少、机械设备利用程度的好坏、施工进度的快慢、产品质量的优劣、施工技术水平和组织状况、资金的周转情况以及企业各级经营管理水平,最终都会直接或间接地在工程成本中反映出来。成本是建筑施工企业计算盈亏的尺度,是投标的依据,是企业经营决策和核算的工具。成本的高低直接影响企业和职工的经济利益。因此,企业为了实现目标利润,就要合理组织生产各要素,围绕工程项目实施的全过程,对所有费用的发生和实际成本的形成,进行一系列成本综合管理工作,在保证产品质量和工期的前提下,挖掘降低成本的潜力,达到以最少的生产耗费取得最大成果的管理目标。

在施工项目成本管理中,为了降低工程成本,争取更大的利润,施工单位要制订技术组织措施,以便提高劳动生产率、节约原材料、提高机械利用率、节约经营管理费用,并在充分挖掘内部潜力的基础上,制订工程计划成本。在施工中实际发生的费用称为工程的实际成本。与工程计划成本相比,它可以检查工程计划成本的完成情况;与工程预算成本相比,它可以考核工程费用的实际降低或增加额。总而言之,所谓成本管理,就是以降低工程成本为目标而进行的管理。它虽以费用或金额为指标,却表示了工程施工中的所有信息,是综合反映施工管理水平的尺度,同时也是提高管理水平的重要杠杆,是监督人力、物力和财力使用的重要手段,还是提高建筑施工企业竞争能力的基本条件。

(二)施工项目成本管理责任的划分

施工项目成本管理是一项全员、全面、全过程的管理活动,它涉及施工项目的各个部门和岗位。一般来说,各部门或岗位在施工项目成本管理中的责任划分如下。

1.合同预算员的成本管理责任

(1)根据合同条件、预算定额和有关规定,充分利用有利因素,编制施工图预算,为企业正确确定责任目标成本提供依据。

(2)深入研究合同规定的"开口"项目,在有关项目管理人员(如项目工程师、材料员等)的配合下,努力增加施工收入。

(3)收集工程变更资料(包括工程变更通知单、技术核定单和按实际结算的资料等),及时办理增加账,保证施工收入,及时收回垫付的资金。

(4)参与对外经济合同的谈判和决策,以施工图预算和增加账为依据,严格控制分包、采购等施工所必需的经济合同的数量、单价和金额,切实做到"以收定支"。

2.工程技术人员的成本管理责任

(1)根据施工现场的实际情况,合理规划施工现场平面布置(包括机械布置,材料、构件的堆放场地,车辆进出现场的运输道路,临时设施的搭建数量和标准等),为文明施工、减少浪费创造条件。

(2)严格执行工程技术规范和以预防为主的方针,确保工程质量,减少零星修补,消灭质量事故,不断降低质量成本。

（3）根据工程特点和设计要求，运用自身的技术优势，采取实用、有效的技术组织措施和合理化建议，走技术与经济相结合的道路，为提高项目经济效益开拓新的途径。

（4）严格执行安全操作规程，减少一般安全事故，消灭重大人身伤亡事故和设备事故，确保安全生产，将事故损失减少到最低限度。

3.材料人员的成本管理责任

（1）材料采购和构件加工，要选择质高、价低、运距短的供应（加工）单位。对到场的材料、构件要正确计量、认真验收，如遇质量差、数量不足的情况，要进行索赔。切实做到：一要降低材料、构件的采购（加工）成本；二要减少采购（加工）过程中的管理损耗，为降低材料成本打好基础。

（2）根据项目施工的计划进度，及时组织材料、构件的供应，保证项目施工的顺利进行，防止因停工待料造成损失。在构件加工的过程中，要按照施工顺序组织配套供应，以免因规格不齐造成施工间隙，浪费时间和人力。

（3）在施工过程中，严格执行限额领料制度，控制材料消耗；同时，做好余料的回收和利用工作，为考核材料的实际消耗水平提供正确的数据。

（4）钢管脚手和钢模板等周转材料，进出现场都要认真清点、正确核实，以减少缺损数量；使用以后，要及时回收、整理、堆放，并及时退场，既可节省租费，又有利于场地整洁，还可加速周转，提高利用效率。

（5）根据施工生产的需要，合理安排材料储备，减少资金占用，提高资金使用效率。

4.机械管理人员的成本管理责任

（1）根据工程特点和施工方案，合理选择机械的型号规格和数量，优化配置，动态管理。

（2）根据施工需要，合理安排机械施工，充分发挥机械的效能，减少机械使用成本。

（3）严格执行机械维修保养制度，加强平时的机械维修保养，保证机械完好，在施工中正常运转。

5.行政管理人员的成本管理责任

（1）根据施工生产的需要和项目经理的意图，合理安排项目管理人员和后勤服务人员，节约工资性支出。

（2）具体执行费用开支标准和有关财务制度，控制非生产性开支。

（3）管好用好行政办公用财产物资，防止损坏和流失。

（4）安排好生活后勤服务，在勤俭节约的前提下，满足职工群众的生活需要，使他们安心为前方生产出力。

6.财务人员的成本管理责任

（1）按照成本开支范围、费用开支标准和有关财务制度，严格审核各项成本费用，控制成本支出。

（2）建立月度财务收支计划制度，根据施工生产的需要，平衡调度资金，通过控制资金使用，达到控制成本的目的。

（3）建立辅助记录，及时向项目经理和有关项目管理人员反馈信息，以便对资源消耗进行有效的控制。

（4）开展成本分析，特别是分部分项工程成本分析、月度成本综合分析和针对特定问题的专题分析，要做到及时向项目经理和有关项目管理人员反映情况、提出建议，以便采取针对性的措施来纠正项目成本的偏差。

（5）在项目经理的领导下，协助项目经理检查、考核各部门、各单位、各班组责任成本的执行情况，落实责、权、利相结合的有关规定。

（三）施工项目成本管理的基础工作

1.建立完整的组织机构

施工项目成本管理必须有完整的组织机构，保证成本管理活动的有效运行。施工项目部应当根据施工项目不同的特性，因地制宜地建立施工项目成本管理体系的组织机构。组织机构的设计应包括管理层次、机构设置、职责范围、隶属关系、相互关系及工作接口等。

2.建立与健全各项责任制度

为了确保施工项目成本目标的实现，建立与健全并严格执行各项责任制度是非常必要的。主要责任制度包括：计量验收制度、考勤考核制度、原始记录和统计制度、成本核算和分析制度、质量验收制度和项目管理的有关采购、价格控制和横向管理制度。

3.建立与健全原始记录

原始记录是成本控制和核算的依据，为保证成本核算的及时与准确，对涉及成本管理方面的原始记录要求有关人员应认真做好登记工作，做到凡是有经济活动的地方，都要有原始记录。原始记录有：施工任务单、领退料单、机械台班使用记录、周转材料进退场记录、材料进退场验收调出记录、质量事故记录、职工考勤表等。

4.健全企业内部定额制度

为了便于核算工程项目成本和测算目标成本以及为办理材料、劳务、机械的供应和作业的结算,企业应根据企业定额标准和当时当地的物价、工资和成本等情况,对各种材料、机械设备、周转材料、劳动力、商品制订统一的内部订额或内部计划价格,并定期进行修正。这对企业内部经济核算与加强成本管理有着重要的作用,同时也体现了各项目之间成本的负担公平和合理性。

5.进行规范的施工项目成本核算

施工项目成本核算是在成本范围内,以货币为计量单位,以施工项目成本直接耗费为对象,在区分收支类别和岗位成本责任的基础上,利用一定的方法,正确组织施工项目成本核算,全面反映施工项目成本耗费的核算过程。它是施工项目成本管理的重要组成部分,也是对施工项目成本管理水平的全面反映,因而规范的施工项目成本核算具有重要意义。

6.履行严格的考核评价

施工项目成本管理应包括严格的考核制度,考核包括施工项目成本考核和成本管理体系及其运行质量考核。施工项目成本管理是施工项目施工成本全过程的实时控制,因此,考核也是全过程的实时考核,绝非工程项目施工完成后的最终考核。当然,工程项目施工完成后,对施工成本的最终考核也是必不可少的。

四、施工项目成本管理的原则与内容

(一)施工项目成本管理的原则

施工项目成本管理就是在项目成本形成的过程中,对工程

施工中所消耗的各种资源和费用开支进行指导、监督、调节和限制,及时纠正可能发生的偏差,把各项费用的实际发生额控制在计划成本范围之内,以保证目标成本的实现。其目的是合理使用人力、物力、财力,降低成本,增加收入,提高对工程项目成本的管理水平,创造较好的经济效益。施工项目成本管理应遵循以下原则。

1.全面管理原则

施工项目成本与同施工项目形成有关的各部门、各施工班组相关联,也与每个员工切身利益相关。因此,成本管理需要大家共同努力,有关的各部门、各班组和个人都要肩负成本责任,应把成本目标落实到每个部门乃至个人,真正树立全员管理的观念。

在项目运作的全过程中都要有成本管理的意识。在投标阶段,做好成本的预测,签好合同。在设计阶段,提高设计人员的成本意识,熟悉招投方案及合同方案,避免无依据的修改,为工程变更创造机会,充分优化设计方案,选择对公司有利的做法。在中标后的施工前期,根据相关资料编制工程成本预算,一方面是对工程实际成本的测算。另一方面根据招投标图纸、招投标资料、合同以及实际施工图纸进行合同分析,制订相应工作策略,并将整个思路传递给项目经理及相关设计人员,通过努力达到预期目的;同时根据成本预算制订相应成本计划及目标,在施工过程中进行成本跟踪,通过核算、统计等方式对比实际成本与预算成本差异,分析产生差异的原因,及时控制浪费,达到事中控制的目的。在竣工验收阶段,及时收集相关资料,对整个工程成本进行核算和分析,参照工程成本编制项目结算书,制订相应结算策略,及时办理工程结算及追加的合同价款,使施工自始至终处于有效控制之下。

2.目标管理原则

目标管理是进行任何一项管理工作的基本方法和手段,即"目标设定、分解—目标的责任到位和执行—检查目标的执行结果—评价和修正目标",从而形成目标管理的计划、实施、检查和处理的循环过程。在实施目标管理过程中,目标的设定应切实可行,并应落实到各部门、班组甚至个人。目标的责任不仅包括工作责任,更要有成本责任,如技术人员在选择施工方法时,要做到技术上切实可行(即工作责任的要求),同时经济上要合理(即成本责任的要求)。目标的检查应及时全面,发现问题并及时采取纠正措施,评价应公正、合理。只有将成本控制置于这样一个良性循环之中,成本目标才能实现。

3.责、权、利相结合原则

责、权、利相结合的原则是成本控制得以实现的重要保证。在成本控制过程中,项目经理及各专业管理人员都负有一定的成本责任,从而形成了整个项目成本管理的责任网络。要使成本责任得以落实,责任人应享有一定的权限,即在规定的权力范围内可以决定某项费用能否开支、如何开支和开支多少,以行使对项目成本的实质控制。如项目经理在该项目的施工过程中,应该有统筹安排的权力,以确保料、工各项成本相对最低。最后,企业领导对项目经理,项目经理对各部门在成本控制中的业绩要进行定期检查和考评,要与工资、奖金挂钩,做到奖罚分明。实践证明,只有责、权、利相结合,才能使成本控制真正落到实处。

4.质量管理原则

质量成本是指公司为保证和提高产品质量而支出的一切费用以及由于未达到质量标准而产生的一切损失费用之和。它主要包括两个方面:控制成本和故障成本。控制成本包括预防成本和鉴定成本,属于质量保证费用,与质量水平成正比关系;故障成本包括内部故障成本和外部故障成本,属于损失性费用,与质量水平成反比关系。质量管理工作的重点在于加强质量预防措施,加强质量检验,提高质量水平,降低质量总成本;质量管理的重点在于分析现有的质量标准,减少检验程序和提高工作效率,使质量总成本降至较低水平。当前迫切需要的是降低故障成本,因为故障成本是工程质量无缺陷时就会消失的成本,有人把可消失的质量成本喻为"矿中黄金",以表示其潜力之可贵。企业只有重视提高施工质量水平,降低质量成本,才会有优质的项目,为企业树立良好形象,为企业的长远发展奠定基础。

5.节约原则

节约人力、物力、财力是提高经济效益的核心,也是成本控制的一项最重要的基本原则。遵守这一原则应做好三方面的工作:一是严格执行成本开支范围规定、费用开支标准和有关财务制度,对各项成本费用的支出进行限制和监督。二是提高施工项目科学管理水平,优化施工方案,提高生产效率。三是采取预防成本失控的技术组织措施,制止可能发生的浪费。真正做到向管理要效益,向技术要效率,确保成本目标的实现。

6.实事求是原则

施工项目成本管理需要及时、准确地提供成本核算信息，不断反馈，为上级部门或项目经理进行施工项目成本管理提供科学的决策依据。如果这些信息的提供严重滞后，就起不到及时纠偏的作用。施工项目成本管理所需要的各种成本核算资料、统计的各项消耗、各项费用支出，必须是实事求是的、准确的。如果收集的会计资料不准确，成本核算就不能真实地反映实际，可能出现虚盈或虚亏，甚至导致决策失误；如果各项统计不实事求是、不准确，各项成本管理决策就失去了基准。

(二)施工项目成本管理的内容

施工成本是一项综合指标，其管理贯穿于施工生产经营活动的全过程，涉及物资消耗、劳动效率、技术水平、施工管理等各个方面，内容十分广泛。为了提高经济效益，必须有效地调动广大职工的积极性，加强成本管理，厉行增产节约，切实降低成本费用，努力加强生产、技术、质量、设备、劳动、物资等各项管理工作。从成本管理的各个环节来看，其主要内容包括：成本费用预测、成本费用计划、成本费用控制、成本费用核算、成本费用分析和成本费用考核。

1.成本费用预测

成本费用预测是事先对成本费用进行科学管理的重要方法。建筑施工企业应根据预算定额、施工定额、企业内部历史会计核算和统计资料，认真分析研究自身的技术经济条件以及建筑市场情况，在考虑采取增产节约措施的基础上，对一定时期的成本费用水平、成本目标进行预测，以促使施工项目部有计划地降低工程成本,加强经济核算,提高经济效益。

2.成本费用计划

成本费用计划是对施工成本费用实行计划管理的重要手段。企业应根据上级主管部门下达的成本费用降低任务,制订有效的技术组织措施,编制成本费用计划,确定施工成本降低额和降低率。成本费用计划的编制应先进可行,计划一经批准确定,其各项指标应成为日常成本费用控制的依据。

3.成本费用控制

成本费用控制是加强成本费用管理、实施成本费用计划的关键。企业应根据成本费用计划,采取有效措施对成本费用进行控制,及时发现和解决施工生产经营过程中的损失或浪费,总结经验教训,积极推广增产节约的先进技术、先进方法和先进工作经验,促使企业完成甚至超额完成各项计划指标。

4.成本费用核算

成本费用核算是对成本费用进行管理的中心环节。建筑施工企业应根据市场经济的要求和国家有关成本费用的规定,结合本单位工程施工特点以及经营管理的需要,正确组织工程成本计算和各项费用的核算,切实提高成本费用核算水平,为成本费用预测、成本计划、成本费用分析、成本费用考核等各环节提供资料。

5.成本费用分析

成本费用分析是将实际成本与计划、预算、历史最好水平等进行对比分析,发现差异,指明加强成本费用管理和降低成本费用开支方向的重要环节。企业应依靠广大职工,定期或不定期地对成本费用进行分析,查明成本费用升降的原因,总结经验,发现问题,采取措施,提高成本费用管理水平。

6.成本费用考核

成本费用考核是对成本费用计划执行情况的总结与考评。成本费用计划是企业生产经营计划的重要组成部分,应该定期对其进行考核。企业应建立和健全成本费用考核制度,定期对内部各责任单位或个人成本费用指标的完成情况进行考核、评比,以促进成本费用管理经济责任制的落实。

以上六方面内容是建筑施工企业加强成本管理的重要环节,它们不是孤立存在的,而是互为条件、互相制约的,共同构成了有机的成本管理体系。成本费用预测和成本费用计划为成本费用控制与成本费用核算提出目标和要求;成本费用控制和成本费用核算为成本费用分析与成本费用考核提供分析和考核的依据;成本费用分析和成本费用考核的结果,反馈到成本费用预测和成本费用计划环节,为下阶段预测和计划提供参考依据。施工项目成本费用管理工作,就是这样一个循环推动另一个循环,不断地进行。

五、财务人员在施工项目成本管理中的作用

成本管理的主体是施工组织和直接生产人员,而非财务会计人员。长期以来,有些企业的经营者一提到成本管理想到的只有财务部门,有些施工项目经理干脆将项目成本管理的责任归于项目成本管理主管或财务人员。其结果是技术人员只负责技术和工程质量,工程组织人员只负责施工生产和工程进度,材料管理人员只负责材料的采购和点验、发放工作。这样表面上看起来分工明确、职责清晰、各司其职,唯独缺少了成本管理责任。在施工现场,我们经常可以看到生产组织人员为了赶工期而盲目增加施工人员和设备,从而导致窝工现象发生而浪费人工费;技术人员现场数据不精确,必然会导致材料二次倒运费的增加;技术人员为了保证工程质量,采用了可行但不经济的技术措施,必然会使成本增大。由此可见,财务人员并非成本管理的主体,走不出这个认识上的误区,就不可能做好施工项目成本管理。

成本管理是施工项目管理的一项核心内容,财务人员在成本管理方面扮演了越来越重要的角色。施工项目经理是降低现场成本的主要责任人,施工项目所有的人员都负有成本管理的责任,财务人员只是降低施工项目成本的组织者。财务人员负责构建成本核算体系,制定成本管理推进的进度、计划,负责培训项目人员成本知识和宣传成本意识,审核施工作业成本的发生,编制出月度成本计划,揭示施工作业的成本差异,进行施工作业的成本分析,考核施工作业的成本业绩。

施工项目的成本管理是一个动态管理的过程,财务人员在做好各项资产耗费核算的同时,还要配合和组织好各项财产物资的实物管理,从而降低各项资产耗费。例如,材料费的控制,首先要把好进货关,对用量较大的材料应采取招标的办法,通过货比三家把价格降下来,或者直接从厂家进货,减少中间环节,节约材料差价;其次是零星的材料要尽量利用供应商竞争的条件实行代储代销式管理,用多少结算多少,减少库存积压,以免造成损失;实行限额领料和配比发料,严格避免材料浪费。再如,人工费的控制,对各台班组实行包干制度,按照事先确定的工日单价乘以台班组完成实物工作量的工日数作为班组工资,多劳多得,从根本上杜绝出工不出力的现象;培养、配备一专多能的技术工人,合理调节各工序人数松紧情况,既能加快工程进度,又能节约人工费用。又如,施工机械费的控制,要切实加强设备的维护与保养,提高设备的利用率和完好率;对确需租用的外部机械,要做好工序衔接,提高利用率,促使其满负荷运转,对于按完成工作量结算的外部设备,要做好原始记录,计量精确。对于非生产费用的控制,要压缩非生产人员,在保证工作的前提下,实行一人多岗,满负荷工作;采取指标控制、费用包干、"一支笔"审批等方法,最大限度地节约非生产开支。

第四节 建筑施工企业施工项目成本管理

一、施工项目成本预测及其意义

施工项目成本预测是指通过取得的历史数据资料,采用经验总结、统计分析和数学模型的方法对成本进行推测和判断。通过施工项目成本预测,可以为建筑施工企业投标报价决策和项目管理部门编制成本计划提供数据,有利于及时发现问题,找出施工项目成本管理中的薄弱环节,采取针对性措施降低成本。科学的成本预测需要预测结果具有近似性,预测结论具有可修正性。

在建筑市场竞争日益激烈的情况下,施工项目成本预测是当前建筑施工企业进行成本事前控制所面临的一个重要课题,这也是建立项目成本保证体系的首要环节。通过施工项目成本预测,可以为施工项目部组织施工生产、编制成本计划等提供数据。

施工项目成本预测是施工项目部编制成本计划的基础。施工项目部要编制出正确、可靠的工程施工成本计划,必须遵循客观经济规律,从实际出发,对工程项目未来实施做出科学的预测。在编制成本计划之前,要在搜集、整理和分析有关工程项目成本、市场行情和施工消耗等资料基础上,对项目进展过程中的物价变动等情况和工程项目成本做出符合实际的预测。这样才能保证工程项目成本计划不脱离实际,切实起到控制工程项目成本的作用。

施工项目成本动态预测是项目管理的重要环节。成本动态预测在分析项目施工过程中各种经济与技术要素对成本升降影响的基础上,推算其成本水平变化的趋势及其规律性,并根据工程项目的进展情况,对预测结果不断做出改进。它是预测和分析的有机结合,是事前控制与事中控制的结合。通过成本动态预测,有利于及时发现问题,找出工程项目成本管理中的薄弱环节,通过采取措施动态地控制成本。

加强成本预测有利于项目全过程成本控制的实施。传统的成本管理大多以事后成本核算、成本分析为主,企业经过分析后发现问题,再进行局部调整修订,但这样做使成本降低幅度受到了限制。推行成本预测,能够使成本管理在事前可得到控制。目前,国外所采用的预测方案设计、开展价值工程等都是成本事前控制的好方法。国外资料也已充分证明,价值工程可以使成本大幅度降低。因为价值工程从方案设计开始,到生产过程及事后分析、考核都有新的标准、新的突破,各环节抓住重点控制成本,因此实现了成本的全过程控制。对于施工项目,应从预测方案的设计开始,利用价值工程做好成本预测方案,使成本控制形成一个完整的、超前的控制系统。

成本预测是增强企业竞争力和提高企业经济效益的主要手段。成本预测使成本计划与其他各专业计划协调一致:成本指标是综合性指标,企业的各种技术经济指标都会直接或间接地影响成本指标。只有通过预测才能了解各项技术经济指标的变动程度及其对成本指标的影响,使成本管理建立在客观平衡的基础之上。

二、施工项目成本预测的程序与方法

预测就是对事物的未来进行科学的预测和推测,探索事物未来的发展趋势,使人们产生有目的的行为。预测提供的信息不可能完全准确,必然带有一定的近似性,但它可使事物发展的不确定性趋于最小。预测把过去和将来视为一个整体,通过对过去资料的科学分析,找出事物的内部规律,从而推测出事物的未来发展情况。

(一)施工项目成本预测的程序

1.环境调查

环境调查包括市场需求量、成本水平及技术发展情况的调查。目的是了解施工项目的外界环境对项目成本的影响。

2.收集资料

收集资料主要包括企业下达的有关成本指标,历史上同类项目的成本资料,项目所在地成本水平,施工项目中与成本有关的其他预测资料(如计划、材料、机械台班等)。

3.选择预测方法,建立预测模型

选择预测方法时,应考虑到时间、精度上的要求,如定性预测多用于10年以上的预测,而定量预测则多用于10年以下的中期和短期预测。另外,还应根据已有数据的特点,选择相应的模型。

4.成本预测

成本预测是根据选定的预测方法,依据有关的历史数据和资料,推测施工项目的成本情况。

5.预测结果分析

通常,利用模型进行预测的结果只是反映历史的一般发展情况,并不能反映可能出现的突发性事件对成本变化趋势的影响,况且预测模型本身也有一定的误差。因此,必须对预测结果进行分析。

6.确定预测结果,提出预测报告

根据预测分析的结论,最终确定预测结果,并在此基础上提出预测报告,确定目标成本,作为编制成本计划和进行成本控制的依据。

(二)施工项目成本预测的定性方法

定性预测是根据已掌握的信息资料和直观材料,依靠具有丰富经验和分析能力的内行专家,运用主观经验,对施工项目的材料消耗、市场行情及成本等,做出性质上和程度上的推断与估计,然后把各方面的意见进行综合,作为预测成本变化的主要依据。定性预测在工程实践中被广泛使用,特别适用于预测对象资料(包括历史的和现实的)掌握不充分,或影响因素复杂、难以用数字描述,或影响因素难以进行数量分析等情况。定性预测偏重于对市场行情的发展方向和施工中各种影响施工项目成本因素的分析,发挥专家的经验和主观能动性,比较灵活,而且简便易行,可以较快地得出预测结果。但进行定性预测时,也要尽可能地搜集数据,运用数学方法,其结果通常也是从数量上测算而得。定性预测的常用方法有专家会议法和德尔菲法。

1.专家会议法

专家会议法是目前国内普遍采用的一种定性预测方法,它的优点是简便易行、信息量大,考虑的因素比较全面,参加会议的专家可以相互启发。这种方式的不足之处在于:参加会议的人数总是有限的,因此代表性不够充分;会议容易受权威人士或大多数人意见的影响,而忽视少数人的正确意见,即所谓的"从众现象"——个人由于真实的或臆想的群体心理压力,在认知或行动上不由自主地趋向于跟多数人一致的现象。使用该方法,预测值经常出现较大的差异,在这种情况下一般可采用预测值的平均值。

2.德尔菲法

德尔菲法也称专家预测法,是一种国际上常用且被公认为可靠的技术测定方法,多用于技术预测领域。它的实质是利用专家的知识和经验,对那些带有很大模糊性、较复杂且无法直接进行定量分析的问题,通过多次填写征询意见表的调查形式取得测定结论的方法。该方法具有匿名性、反馈性、统计性等特点,调查过程中通过对专家意见的统计、分析,充分发挥信息反馈和信息控制的作用,使专家通过比较和分析修改意见,从而使分散的评价逐渐接近,最后集中在比较较为一致的测定结果上。采用德尔菲法所得到的预测结果要比一个专家的判断预测或一组专家开会讨论得到的预测方案准确一些,一般用于较长期的预测。德尔菲法的方法和程序如下。

(1)组织领导。开展德尔菲法预测,需要成立预测领导小组。领导小组负责草拟预测主题,编制预测事件一览表,选择专家以及对预测结果进行分析、整理、归纳和处理。

(2)选择专家。选择专家是关键。专家一般指掌握某一特定领域知识和技能的人,人数不宜过多,一般以 10 ~ 20 人为宜。该方法以信函方式与专家直接联系,专家之间没有任何联系。因此,可避免当面讨论容易相互干扰,或者当面表达意见受到约束等弊病。

(3)预测内容。根据预测任务,制定专家应答的问题提纲,说明做出定量估计、进行预测的依据及其对判断的影响程度。

(4)预测程序。第一次,提出要求,明确预测目标,用书面通知被选定的专家或专门人员。要求每位专家说明有什么特别资料可用来分析这些问题以及这些资料的使用方法。同时,请专家提供有关资料,并请专家提出进一步需要哪些资料。第二次,专家接到通知后,根据自己的知识和经验,对所预测事件的未来发展趋势提出自己的观点,并说明其依据和理由,以书面形式答复主持预测的单位。第三次,预测领导小组根据专家定性预测的意见,加以归纳整理,分别说明不同预测值的依据和理由(根据专家意见,但不注明哪位专家意见),然后再寄给各位专家,要求专家修改自己原先的预测,并进一步提出要求。第四次,专家接到第二次信后,就各种预测的意见及其依据和理由进行分析,再次进行预测,提出自己修改的意见及其依据和理由。如此反复往返征询、归纳、修改，直到意见基本一致为止。根据需要决定修改的次数。[①]

(三)施工项目成本预测的定量方法

定量预测也称统计预测，它是根据已掌握的比较完备的历史统计数据，运用一定的数学方法进行科学的加工整理，借以揭示有关变量之间的规律性联系，用于预测和推测未来发展变化情况的预测方法。定量预测基本上可以分为两类：一类是时间序列预测法，它是以一个指标本身的历史数据的变化趋势，去寻找市场的演变规律，作为预测的依据，即把未来作为过去历史的延伸；另一类是回归预测法，它是从一个指标与其他指标的历史和现实变化的相互关系中，探索它们之间的规律性联系，作为预测未来的依据。

定量预测的优点是：偏重于数量方面的分析，重视预测对象的变化程度，能从数量方面对变化程度进行准确描述；主要以历史统计数据和客观实际资料为预测依据，运用数学方法进行处理分析，受主观因素的影响较少；可以利用现代化的计算方法进行大量的计算和数据处理工作，求出适应工程进展的最佳数据曲线。该类方法的缺点是比较机械，不易灵活掌握，对信息资料质量要求较高。

定量预测的常用方法有简单平均法、时间序列法、回归分析法、本量利分析法、因素分析法等。

1.简单平均法

简单平均法是指运用数学平均的办法对目标数值进行预

①高元生.简论工程项目成本预测与控制[J].黑龙江交通科技,2011,(7):253.

测的一种方法、通常包括算术平均法、加权平均法、几何平均法、移动平均法等。

2.时间序列法

时间序列是将各种社会、经济、自然现象的数量指标按照时间顺序排列起来的统计数据。时间序列分析法是揭示时间序列自身的变化规律和相互联系的数学方法。

3.回归分析法

回归分析法包括一元线性回归、多元线性回归与非线性回归法。回归预测技术在经济管理中的应用有时间序列分析和因果关系分析。预测人员必须判断其预测变量中有无确实的因果关系，必须掌握预测对象与影响因素之间的因果关系，因为影响因素的增加或减少，会伴随着相应曲线的按比例变化，而且，这种关系只在因果关系持续起作用的时期内有效。采用回归法的规定之一，就是数据点的多少决定着预测的可靠程度。而所需数据点的实际数量，又取决于数据的性质以及当时的经济情况。一般来说，历史数据观察点应在20个以上。

4.本量利分析法

本量利分析法是根据商品销售数量、成本和利润之间的函数关系来测算某项经济指标的一种方法，在企业管理中应用非常广泛。它是研究固定成本、变动成本和利润之间关系的一种分析方法，是建立在成本和销售收入之间关系基础上的一种有效的利润预测方法。根据本量利分析法，企业如果要避免损失，其销售收入必须与总成本相等；企业如果要有收益，其销售收入必须大于总成本。

5.因素分解法

由于进行项目施工成本管理活动的前提是工程项目已经确定,在这个阶段,施工图纸已经设计完毕,采用工程量做基数,利用企业施工定额或参照国家定额进行成本预测的条件已经成熟,因此采用因素分解法(即消耗量×单价)确定项目施工责任成本就比较合适。这种方法准确可靠,可操作性强。

(四)定性与定量预测方法的结合应用

在成本管理实践中,单独采用定量预测方法或定性预测方法,所得到的结果往往与实际情况相距甚远,缺乏可靠性。实际上,在定量预测方法下,成本预测模型是依据成本统计资料,对成本变动的历史发展趋势和规律所作的描述,没有充分考虑在生产经营条件发生变化时,各因素对成本的影响作用。对未来影响因素的变动及其作用的预测,仍然要依靠成本管理人员的实践经验和职业判断能力。即使在定量预测方法和计算手段渐趋成熟与先进的条件下,定性预测方法及其与定量预测方法的结合应用,也是提高成本预测可靠性的重要方面。

三、成本预测与投标报价

在建筑市场竞争越来越激烈、竞争手段不断变化的情况下,如何组织好投标,争取在有利的条件下中标,是一件十分复杂的工作。建设工程的投标报价是招标投标过程中最关键的因素之一。报价的高低在很大程度上决定着投标人能否中标,而企业对工程项目成本的预测是投标价格的主要部分,是企业投标报价的底线。投标报价高出工程项目预测成本的部分可以看作企业的预期利润;低于施工项目成本的报价则很可能会给企业带来亏损。在成熟的市场经济条件下,合同优先授予价格较低的投标人,这是国际惯例,我国的《招标投标法》对此也给予肯定。所以,高报价并不总是意味着高利润,过高的报价会导致企业不能中标,从而根本无从实现预期利润。但是,根据我国的现实情况,投标报价也不能无限制地降低,低于成本报价也是法律所禁止的,因为它不仅扰乱了市场秩序,而且会对工程质量造成潜在危害,这对项目业主和中标单位来讲,是一个"双输"的结果。所以,在投标报价过程中,对施工项目成本进行准确的预测,为工程投标报价确定可靠的依据,对于企业成功中标具有非常重要的意义。

(一)投标报价的程序

一般来讲,建设工程投标报价的依据主要包括:工程定额、工程量清单、要素市场价格信息、工程技术文件、工程建设实施组织、技术方案等。建造承包商通过资格预审,购买到全套招标文件之后,即可根据工程性质和大小,组织一个经验丰富、决策能力强的班子进行投标报价。承包合同的主要形式有固定总价合同、单价合同、成本加成合同等,不同合同形式的投标报价虽然有差别,但其基本程序都是一样的,一般应按下列步骤进行。

1.研究招标文件

招标文件是投标的主要依据。承包商在动手计算标价之前和整个投标报价期间,均应组织参加投标报价的人员认真细致地阅读招标文件,仔细地分析研究,弄清楚招标文件的要求和报价内容。

（1）要清楚承包者的责任和报价范围，以避免在报价中发生任何遗漏。

（2）了解各项技术要求，以便确定既经济适用又能加速工期的施工方案。

（3）了解工程中需使用的特殊材料和设备，以便在计算报价之前调查市场价格，避免因盲目估价而失误。

（4）整理出招标文件中含糊不清的问题，有一些问题应及时提请业主或咨询工程师予以澄清，并进行预测计算。

（5）招标文件内容广泛，承包商应对下列可能对投标价计算产生重大影响的几个主要方面特别注意：①工期，包括开工日期和施工期限的规定，是否有分段、分部竣工的要求。②误期损害赔偿费的有关规定。③维修期和维修期间的担保金额。④保函和保险方面的要求。⑤付款条件，包括预付款如何扣回、中期付款方法、保留金比例及限额、拖延付款的利息支付等。

2.进行现场勘察

投标者进行现场勘察，是为了取得有关项目更为翔实的资料，作为投标报价、制定施工方案等的依据。按照国际惯例，一般认为投标者的报价是在现场勘察的基础上提出的。一旦随投标书提交了报价单，承包商无权因为现场勘察不周、对各种因素考虑不全而提出修改投标报价或提出补偿要求。在《FIDIC土木工程施工分包合同条件》第11条中明确规定：应当认为承包商在提交投标书之前，已对现场和其周围环境及与之有关的可用资料进行了视察和检查……已取得上述可能对其投标产生影响或发生作用的风险、意外事件及所有其他情况的全部必要资料。应当认为承包商的投标书是以雇主提供的可利用资料和承包商自己进行上述视察与检查为依据的。这说明现场勘察是投标者必须经过的投标程序。

3.编制施工组织设计

施工组织设计包括施工方案、施工进度计划、施工平面图以及资源需求计划等。投标者所拟定的施工规划,是投标者确定投标报价的主要依据之一。

4.核对工程量

招标文件中通常都附有工程量表,投标前应该根据图纸仔细核算工程量,检查是否有漏项或工程量是否正确。如果发现错误,则应通知招标者并要求其更正。招标者则一般是在招标前会议上或以招标补充文件的形式予以答复。作为投标者,未经招标者的同意,对招标文件不得任意修改或补充,因为这样会使业主在评标时失去统一性和可比性。

5.计算工程费用

国内建筑安装工程费用的内容及构成,要比国际工程投标报价少且简单,计算的规则及依据也有所不同。我国计算工程费的主要依据之一是财政部印发的《建筑安装工程费用项目组成》。投标报价与工程概预算是有区别的:工程概预算必须按照国家的有关规定进行计算,如定额的套用、费率的取定等;而投标报价则可根据本企业的实际情况进行计算,这样更能体现企业的实际水平。一般来说,投标报价可以根据施工单位对工程的理解程度,在预算造价基础上进行上下浮动。为消除在计算过程中某些环节可能出现的错误,必须对计算所得基础标价进行必要的检查,主要是将每平方米的造价水平、主要材料的用量、用工量等指标,与同类型工程的经验统计资料进行对比,如发现较大差异,则应做适当的调整。

6.确定报价

在投标实践中,基础标价不一定就作为正式报价,而应做多个方案的比较分析,供决策参考。在诸方案中,低标价应该是能够保本的最低报价;高标价是充分考虑可能发生的风险损失以后的最高报价。

(二)投标策略的选择

建造承包商参加投标竞争,能否战胜对手而获得施工合同,在很大程度上取决于自身能否用正确灵活的投标策略来指导投标的全过程。正确的投标策略,来自实践经验的积累、对客观规律不断深入地认识以及对具体情况的了解。同时,决策者的能力和魄力也是不可缺少的。概括来讲,投标策略可以归纳为四大要素,即把握形势、以长胜短、掌握主动、随机应变。具体地讲,常见的投标策略有以下几种。

1.靠高水平的经营管理取胜

通过优化施工方案、安排合理的施工进度、科学地组织管理、选择可靠的分包单位等措施,来降低施工成本。在此基础上降低投标报价,从而提高中标概率。这样,标价虽低,利润并不一定低。这种策略是企业应采取的根本策略。

2.靠改进设计取胜

仔细研究原设计图纸,发现不够合理之处,提出改进的措施(尤其是能降低造价、缩短工期的措施)。

3.靠缩短建设工期取胜

通过采取有效措施,在投标文件规定工期的基础上,使工程能提前竣工。

4.靠标函中附带优惠条件取胜

要求建筑施工企业在掌握信息时,要特别注意业主的困难,然后挖掘本企业的潜力、提出优惠条件,通过替业主分忧而创造中标条件。

5.低利政策

主要适用于竞争比较激烈、施工任务不足,或企业欲在新的地区打开局面等情况。

6.低报价,着眼于施工索赔

利用设计图纸、技术说明书或合同条款中不明确之处,寻找索赔机会。

7.着眼于将来

为掌握某种有发展前途的工程施工技术(如某些新型建筑结构、核电站或海洋工程等的施工),而宁愿降低短期利润。

以上这些策略不是互相排斥的,而是相辅相成的。在投标工作的实践中,必须根据具体情况,综合、灵活地加以运用。

(三)成本预测在投标中的作用

成本预测就是在工程投标或工程开工前,根据工程的特点、施工条件、工程环境、工程设计、工期、质量要求,施工单位的现有技术装备、人力、物力、资金状况等因素,预先对工程进行实际的成本计划,用以指导工程投标或组织工程施工。其目的是以最少的花费,取得最大的经济效益和社会效益。建筑施工企业的投标报价,是工程投标中一项至关重要的工作,其目的是在众多的投标商中,为业主提供一个最为能够接受的"最佳报价",以便达到控制工程造价,高速、优质地完成工程,提高投资效益的目的。对于建筑施工企业来讲,成本预测和投标报价两者是密不可分的,应相互核对、相互对比,以确保最终报出价格的合理性。

成本预测涉及技术、经济、政策及建筑施工企业内部环境、工程实际及市场行情等诸多方面,受多种因素的影响。只有当各方面的条件均具备了,工作才能顺利进行。它既要符合国家规定,又要切合工程实际。施工项目成本预测所需要的基础资料及方法如下。

1.定额水平考核资料

定额水平考核主要用以检验建筑施工企业整体施工能力达到国家规定同行业工程中工、料、机消耗标准的接近程度。一般是以现行概预算定额为依据,以实际工程为对象,分门别类地将实际施工水平与定额对比的资料进行综合汇总,以此作为控制预测工程工、料、机量消耗标准的尺度。另外,涉及采用新材料、新设计、新工艺的新项目,应注重该项目工程定额资料的测定与积累。

2.企业定额资料

企业定额是指能够反映本企业实际施工水平的技术经济标准,其水平应高于国家现行概预算定额水平,即高于社会平均先进水平。企业定额按其费用构成可分为直接费定额和间接费定额。直接费定额是在工程施工中,直接构成工程主体或为构成工程主体而必须发生的费用定额,这是成本预测的关键性工作,其形式是以工、料、机来体现的定额,是施工现场在组织施工过程中派工、发料的一项重要依据,这项定额使用周期在3年左右;间接费定额是指为开展工程施工但不直接构成工程主体且必须发生的费用,类似于现行概算编制办法中的现场经费、企业管理费及其他间接费等,这项定额的使用周期以1年为宜,不宜过长。可以说,没有企业定额,成本测算将无法进行,最终拼凑出来的成本也不能指导投标报价,更不能指导工程施工。

3.依据严密施工组织设计

进行成本预测,要求施工组织设计必须严密。指导性的施工组织是难以指导成本预测的,只有符合工程实际的实施性施工组织设计才能很好地指导成本预测。它一方面要反映企业实力、管理水平。另一方面又要符合业主工期、质量、费用等方面的要求,是一项复杂的系统工程。各类工程的施工组织设计要细化到分部、分项工程,拟定具体的施工方法、工期和质量要求,绘制施工网络图,根据本单位和人员素质、设备状况、工程所需的主要材料及辅助性材料,明确给予投入的详细数据,并且对后续工程进行周密细致的安排,使该项实施性施工组织设计所带来的经济效益达到最优化。

4.可靠的市场行情和准确的招标文件信息

这里所说的市场行情,主要是指与工程有关的工资、料价、机械设备价格、国家及地方政府规定的各项应缴纳的费用。对于这些行情的调查一定要充分和准确,并且要预见到工程在实际过程中的变动因素。对于招标文件一定要持有弄懂弄通,吃透原文的精神。

5.成本预测应坚持以量定价的方法

在成本测算时,需要特别强调的就是以量为前提,坚持以价服从量的原则,求得成本计划的真实、可靠、实用。对现行概算编制办法中,凡采用比例形式计费或以费用指标形式计费的项目,在进行成本测算时,要力求形成数量型的定额,再以各项目的价格编制成本。例如:①现场经费的预测,可以根据施工组织确定的指挥机构人员及设备、器材构成及实需各类建筑物、构筑物的标准及数量等编制此项成本计划。②临时房屋及小型临时设施费用的编制,应以施工组织确定的"量"及相关价格标准编列费用。③施工队伍调遣费应首先做出人员、设备、物资调遣计划,按照调遣期间将要发生的费用项目、逐项分析计算,最终得出总的调遣费用。④施工机械台班单价的分析,对现行概预算定额规定施工机械台班费用中的基本折旧费、大修费、经常修理费、安拆费、进出场费等,这些费用过去被称为不变费用,应根据企业现在的机械设备状况,将不变费用变成可变费用,将静态费用变为动态费用,以反映工程实际。首先,量化各项费用消耗指标,再据实分析计算费用。其中,机械折旧年限的规定应服从机械耐用总台班的规定,以耐用总台班控制总的折旧年限,这也符合机械磨损的规律;对机械原值不宜采用硬性规定,而应按实际发生额确定当时分析台班费的依据,这样可以如实地反映市场行情,并且有利于设备的及时更新。

对于少数不宜用数量表示而必须用费用表示的项目,应力求符合工程实际,防止夸大或人为的不合理因素产生,如企业管理费。也不宜简单用现行概算编制办法规定的比例直接编制,可以结合企业的实际情况进行必要的技术处理,据此测算出施工成本并指导投标报价和工程施工。

而对于现行概预算编制规定中未能明确的、在投标过程中以及中标后必须发生的各项费用,如招投标经费(有的地方已有此项费用的具体规定),大型周转性器材费用(如挂篮、钢套箱、钢模板、军用梁、战备钢桥等),除按规定摊销次数和现场搬运及操作损耗部分已计入定额外,其在施工过程中必须支出的使用费,均应按实按需计入成本;各种牌照、证件费,施工设计费(有些项目工程细部结构的设计则由承建商进行设计并承担此项费用),风险包干费以及按业主要求应计入工程造价的施工利润和税金等,可按各自的规定及费用计算方法计入成本。

四、目标成本与成本计划

(一)目标成本的预测与编制

目标成本控制是企业应用目标管理原理对成本进行控制的一种方法。目标成本管理是现代化企业经营管理的重要组成部分,它是市场竞争的需要,是企业挖掘内部潜力、不断降低产品成本、提高企业整体工作质量的需要,是衡量企业实际成本节约或开支、考核企业在一定时期内成本管理水平高低的依据。

1.目标成本编制的程序

目标成本不是单纯根据本企业的成本水平而定的,它是以准确的市场信息为基础,通过科学的测算来制定的。因此,要把目标成本制定得准确可行,符合企业的实际条件,首先必须做大量的准备工作,搜集、整理情报,并进行认真的分析研究;然后结合企业的实际情况,以市场为导向,运用一定的方法制定出应达到的成本目标。施工项目的目标成本就是以项目为基本核算单元,通过定性、定量分析计算,充分考虑现场实际情况、市场供求等因素,确定在目前的内外环境下及合理工期内,通过努力所能达到的成本目标值。目标成本是编制施工项目成本计划和预算的重要依据。

施工项目成本编制的依据主要有:①项目经理部与公司签订的项目经理责任合同,其中包括项目施工责任成本指标及各项管理目标。②根据施工图计算的工程量及企业定额。③施工设计及分部工程施工方案。④劳务分包合同及其他分包合同。⑤项目岗位成本责任控制指标等。

施工项目目标成本的确定,首先由项目预算员根据施工图纸计算实际工作量,然后由项目经理、项目工程师、项目会计师、预算员根据施工方案和分包合同确定计划支出的人工费、材料费和机械台班费。计算出的目标成本必须确保项目施工责任制成本降低率的完成,如果完不成指标,应通过加快工具周转,缩短工期,采用新技术、新工艺等方法予以解决。目标成本的制定,必须附有具体的降低成本措施。施工项目目标成本制定一般遵循下面的程序。

(1)选择目标成本制定对象。目标成本制定对象必须有明确的执行人,在核算上能够相对独立,必须便于测算,便于单独考核。它可以是一段公路、一座桥梁,可以是一个合同项目,也可以是合同项目下对整个项目成本影响较大的工程。

(2)目标成本的测算。在目标成本制定对象确定后,其成本的上限就已明确,项目目标成本就必须在成本上限内,依据成本构成要素对各个项目进行逐一测算。

(3)目标成本的可行性分析。根据已经制定好的目标成本水平,按照速度与效益、技术与效益、经营与效益统一的原则,由生产、技术、材料、财务部门对目标成本进行可行性分析。分析的方法有:①与相关的项目进行对比。在同时制定的若干个项目目标成本中,找出与预测项目类似的项目,以单价比较的方式对施工方案的技术经济、施工现场的布局、临时设施的规模、临时工程的数量进行相互比较,保证目标成本制定依据的可靠性。②与历史资料进行对比。根据对过去项目目标成本的考核资料,分析费用组成的完整性、合理性以及定额取定的先进性。③市场调查。主要是对原材料价格、人工费价格、运费单价、外租机械单价等的调查。④现场调查。核对施工工艺的实用性,不同施工方案的经济性,临时工程的可靠性。在分析的基础上,提出改进生产、技术、经营的措施和方案。在进行可行性分析中,还要和其他项目的目标成本水平进行比较,当出现某项成本过高或过低时,还要进一步寻找原因,提出合适的方案,并对成本计算的数据、方案进行调整。

(4)目标成本的确定。对构成项目成本的分项工程或工序成本、施工现场经费进行可行性分析后,由生产经营部门对整个项目的成本进行汇总。经与项目具体执行机构项目经理部核对后,正式签订目标成本责任书。责任书中应包括:①工程数量。②施工期限。③责任范围。④目标成本费用构成及计算依据。⑤分项工程单价清单。⑥对工程变更的处理。⑦非项目部可控费用的说明。⑧项目部人员的核定。⑨考核标准。⑩激励措施、办法。

2.目标成本制定的基本途径

目标成本的制定是事关企业成本战略的头等大事,目标成本的准确性和可行性如何,直接关系到项目部组成人员和一线施工人员的利益,与企业管理目标的实现密切相关。因此,目标成本的制定必须通过合适、可靠的途径。一般来说,施工项目目标成本制定的基本途径有如下三种。

(1)自上而下法。这种方法是由企业成立专门的目标成本小组,全面负责目标成本的制定。企业按目标成本小组制订的目标成本向各施工项目部下达,项目经理按下达的目标成本控制生产成本。这是一种自上而下的方法,这种方法具有决策快、效率高的特点,避免了在成本目标上与施工项目部扯皮的现象。但如果对项目的实际情况不够了解,容易造成实施过程中的困难,挫伤项目部人员的积极性,对项目最终的考核也有不利的影响。

(2)自下而上法。这种办法就是先由各项目部按照统一的规定制定施工项目的目标成本,再由其上级进行复核、调整,最后下达执行。这种办法的优点是与实际联系较密切,各种问题考虑得比较充分;但其最大的缺点是制定出的目标成本缺乏先进性,利润缩水较大,且制定周期长,决策困难。

(3)综合法。综合法是由目标成本小组制订出目标成本方案,再与项目部对现场实际情况进行复核,对主要工艺方案的可行性和经济性进行分析研究,最后制定出双方认可的目标成本。这种方法效率高、决策快(现场决定)、符合现场的实际情况,且通过讨论,项目部可加深对本项目目标成本的认识,有助于提高实现目标成本的期望值,对将来目标成本的控制有积极的推动作用。

(二)施工项目成本计划的编制

成本计划是成本管理和成本会计的一项重要内容,是企业生产经营计划的重要组成部分。施工项目成本计划是在项目经理负责下,在成本预测的基础上进行的,它以货币形式预先规定施工项目进行中的施工生产耗费的计划总水平,通过施工项目的成本计划可以确定和对比项目总投资(或中标额)应实现的计划成本降低额与降低率,并且按成本管理层次、有关成本项目以及项目进展的逐个阶段对成本计划加以分解,并制订各级成本实施方案。施工项目成本计划是施工项目成本管理的一个重要环节,是实现降低施工项目成本任务的指导性文件。从某种意义上来说,编制施工项目成本计划也是施工项目成本预测的继续。如果对承包项目所编制的成本计划达不到目标成本要求,就必须组织施工项目管理班子的有关人员重新研究寻找降低成本的途径,再进行重新编制,从第一次所编制的成本计划到改变成第二次或第三次等的成本计划,直至最终定案,这实际上意味着进行了一次次的成本预测。同时编制成本计划的过程也是一次动员施工项目经理部全体职工挖掘降低成本潜力的过程,也是检验施工技术质量管理、工期管理、物资消耗和劳动力消耗管理等效果的全过程。

1.成本计划的组成

施工项目的成本计划一般由施工项目降低直接成本计划和间接成本计划组成。如果项目设有附属生产单位(如加工厂、预制厂、机械动力站和汽车队等),成本计划还包括产品成本计划和作业成本计划。

施工项目降低直接成本计划主要反映了施工成本的预算

价值、计划降低额和计划降低率,一般包括以下几方面的内容。

(1)总则。包括对施工项目的概述,项目管理机构及层次介绍,有关工程的进度计划、外部环境特点,对合同中有关经济问题的责任,成本计划编制中依据的其他文件及其他规格也均应作适当的介绍。

(2)目标及核算原则。包括施工项目降低成本计划和计划利润总额、投资和外汇总节约额、主要材料和能源节约额、货款和流动资金节约额等。核算原则指参与项目的各单位在成本、利润结算中采用何种核算方式,如承包方式、费用分配方式、会计核算原则(权责发生制与收付实现制)、结算款使用币种等,如有不同,应予以说明。

(3)降低成本计划总表或总控制方案。项目主要部分的分部成本计划,如施工部分,编写项目施工成本计划,按直接费、间接费、计划利润的合同中标数、计划支出数、计划降低额分别填入。如有多家单位参与施工时,要分单位编制后再汇总。

(4)对施工项目成本计划中计划支出数估算过程的说明。要对材料、人工、机械费、运费等主要支出项目加以分解。以材料费为例,应说明钢材、木材、水泥、砂石、加工订货制品等主要材料和加工预制品的计划用量、价格,模板摊销列入成本的幅度,脚手架等租赁用品计划付款数,材料采购发生的成本差异是否列入成本等,以便在实际施工中加以控制与考核。

(5)计划降低成本的来源分析。应反映项目管理过程计划采取的增产节约、增收节支和各项措施及预期效果。以施工部分为例,应反映技术组织措施的主要项目及预期经济效果。可依据技术、劳资、机械、材料、能源、运输等各部门提出的节约措施,加以整理、计算。

间接成本计划主要反映施工现场管理费用的计划数、预算收入数及降低额。间接成本计划应根据工程项目的核算期,以项目总收入的管理费为基础,制定各部门费用的收支计划,汇总后作为工程项目的管理费用计划。在间接成本计划中,收入应与取费口径一致,支出应与会计核算中管理费用的二级科目一致。间接成本计划的收支总额,应与项目成本计划中管理费一栏的数额相符。各部门应按照节约开支、压缩费用的原则,制定管理费用归口、包干指标落实办法,以保证该计划的实施。

2.施工项目成本计划表

在编制了成本计划以后,还需要通过各种成本计划表的形式将成本降低任务落实到整个项目的施工全过程,并且在项目实施过程中实现对成本的控制。成本计划表通常由项目成本计划任务表、技术组织措施表和降低成本计划表组成,间接成本计划可用间接费用计划表来控制。

3.施工项目成本计划的编制程序

施工项目的成本计划工作,是一项非常重要的工作,不应仅仅把它看作几张计划表的编制,更重要的是项目成本管理的决策过程,即选定技术上可行、经济上合理的最优降低成本方案。同时,通过成本计划把目标成本层层分解,落实到施工过程的每个环节,可以调动全体职工的积极性,有效地进行成本控制。编制成本计划的程序,因项目的规模大小、管理要求不同而不同,大中型项目一般采用分级编制的方式,即先由各部门提出部门成本计划,再由项目经理部汇总编制全项目工程的成本计划;小型项目一般采用集中编制方式,即由项目经理部先编制各部门成本计划,再汇总编制全项目的成本计划。无论采用哪种方式,其编制的基本程序如下。

(1)收集和整理资料。广泛搜集资料并进行归纳整理是编制成本计划的必要步骤。所搜集的资料即编制成本计划的依据。这些资料主要包括:①国家和上级部门有关编制成本计划的规定。②项目经理部与企业签订的承包合同及企业下达的成本降低额、降低率和其他有关技术经济指标。③有关成本预测、决策的资料。④施工项目的施工图预算、施工预算。⑤施工组织设计。⑥施工项目使用的机械设备生产能力及其利用情况。⑦施工项目的材料消耗、物资供应、劳动工资及劳动效率等计划资料。⑧计划期内的物资消耗定额、劳动工时定额、费用定额等资料。⑨以往同类项目成本计划的实际执行情况及有关技术经济指标完成情况的分析资料。⑩同行业同类项目的成本、定额、技术经济指标资料及增产节约的经验和有效措施。⑪本企业的历史先进水平和当时的先进经验及采取的措施。⑫国外同类项目的先进成本水平情况等。

此外,还应深入分析当前情况和未来的发展趋势,了解影响成本升降的各种有利和不利因素,研究如何克服不利因素和降低成本的具体措施,为编制成本计划提供丰富、具体和可靠的成本资料。

(2)估算计划成本,即确定目标成本。财务部门在掌握了丰富的资料并加以整理分析,特别是在对基期成本计划完成情况进行分析的基础上，根据有关的设计、施工等计划，按照工程项目应投入的物资、材料、劳动力、机械、能源及各种设施等，结合计划期内各种因素的变化和准备采取的各种增产节约措施，进行反复测算、修订、平衡后，估算生产费用支出的总水平，进而提出全项目的成本计划控制指标，最终确定目标成本。确定目标成本及把总的目标分解落实到各相关部门、班组，大多采用工作分解法。

工作分解法又称工程分解结构（work breakdown structure，WBS），它的特点是以施工图设计为基础，以本企业制定的项目施工组织设计及技术方案为依据，以实际价格和计划的物资、材料、人工、机械等消耗量为基准，估算工程项目的实际成本费用，确定成本目标。具体步骤是：首先把整个工程项目逐级分解为内容单一，便于进行单位工料成本估算的小项或工序；然后按小项自下而上估算、汇总，从而得到整个工程项目的估算。估算汇总后还要考虑风险系数与物价指数，对估算结果加以修正。

（3）编制成本计划草案。对大中型项目，经项目经理部批准和下达成本计划指标后，各职能部门应充分发动群众进行认真的讨论，在总结上期成本计划完成情况的基础上，结合本期计划指标，找出完成本期计划的有利和不利因素，提出挖掘潜力、克服不利因素的具体措施，以保证计划任务的完成。为了使指标真正落实，各部门应尽可能将指标分解下达到各班组及个人，使得目标成本的降低额和降低率得到充分讨论、反馈、再修订，使成本计划既能够切合实际，又成为群众共同奋斗的目标。各职能部门亦应认真讨论项目经理部下达的费用控制指标,拟定具体实施的技术经济措施方案,编制各部门的费用预算。

(4)综合平衡,编制正式成本计划。在各职能部门上报部门成本计划和费用预算后,项目经理部首先应结合各项技术经济措施,检查各计划和费用预算是否合理可行,并进行综合平衡,使各部门计划和费用预算之间相互协调、衔接;其次,要从全局出发,在保证企业下达的成本降低任务或本项目目标成本实现的前提下,以生产计划为中心,分析研究成本计划与生产计划、劳动工时计划、材料成本与物资供应计划、工资成本与工资基金计划、资金计划等的相互协调平衡。经反复讨论多次综合平衡,最后确定的成本计划指标,即可作为编制成本计划的依据。项目经理部正式编制的成本计划,上报企业有关部门后即可正式下达至各职能部门执行。

4.施工项目成本计划的编制方法

施工项目成本计划工作主要是在项目经理的负责下,在成本预测、决策的基础上进行的。编制成本计划的关键前提是确定目标成本,这是成本计划的核心,是成本管理所要达到的目的。成本目标通常以项目成本总降低额和降低率来定量地表示。项目成本目标的方向性、综合性和预测性,决定了必须选择科学的成本计划编制方法。

第二章 建筑施工企业成本管理的理论和方法

第一节 目标成本管理

一、目标成本管理的定义与关键原则

目标成本的基本概念相当简单明了,是指一项产品为达到目标报酬率所允许的最大成本。然而目标成本管理的过程却非常复杂。我们对其定义如下:目标成本管理过程是关于利润规划与成本管理的战略体系,要求由价格引导、关注顾客、以产品和流程设计为中心,并依赖跨职能团队。目标成本管理从产品开发的最初阶段开始,贯穿产品生命周期始终,并将整个价值链纳入其中。

目标成本管理通过同时进行的利润与成本规划,以确保获得适当的利润。六条关键原则构成了目标成本管理的概念框架,以下将对这些原则作具体说明。

(一)价格引导的成本管理

目标成本管理体系通过竞争性的市场价格减去期望利润来确定成本目标,可以概括为如下等式:

$$C = P - \pi$$

式中：

C——目标成本；

P——竞争性市场价格；

π——目标利润

价格通常由市场上的竞争情况决定,而目标利润则由公司及其所在行业的财务状况决定。例如,如果一个产品的竞争性市场价格为100美元,并且该公司需要达到15%的利润率才能保证在行业中生存下去,那么这个产品的目标成本即为85美元。价格引导的成本管理包括两个重要的子原则：①市场价格决定产品和利润计划。产品和利润计划需要根据市场状况进行调整,以确保产品组合能够提供持续、可靠的利润。②目标成本管理过程由竞争者情报和分析活动驱动。了解市场价格背后的竞争状况可以用来应对竞争者威胁及挑战,甚至先发制人取得竞争优势。

(二)关注顾客

目标成本管理体系由市场驱动。来自顾客的声音至关重要,并需要在整个过程中给予关注。顾客对质量、成本、时间的要求在产品及流程设计决策中应同时考虑,并以此引导成本分析。了解顾客的需求以及竞争者如何满足这些需求对公司来说非常重要。通过省略顾客要求的产品特性,降低产品的性能及可靠性,或者推迟产品的上市时间来实现目标成本都不可行。

产品的设计开发过程应该由对顾客的关注来驱动。市场的需求决定了设计要求,产品开发不应该成为技术的堆砌。只有当某项产品特性或功能满足了消费者预期,顾客愿意为其支付更高的价格,并且能够带来销售额以及市场份额的提高时,这项产品特性或功能才有意义。

(三)关注产品与流程设计

在目标成本管理体系下,产品与流程设计是进行成本管理的关键。在设计阶段投入更多的时间,消除那些昂贵而又费时的暂时不必要的改动,可以缩短产品投放市场的时间。相比较而言,传统的成本削减方法更多地关注于规模经济、学习曲线、减少浪费以及产量的提高。关注设计这一原则包含了以下四个子原则。

1.目标成本管理体系在成本发生前而不是成本发生后进行控制

图2-1展示了已承诺产品成本和实际发生的产品成本之间的典型关系。由图示可以看出,大部分已承诺成本发生在设计阶段,而大部分实际成本发生在生产阶段。这就解释了为什么目标成本管理将焦点放在设计上,也就是大部分承诺成本发生的阶段。它关注设计对从开发到处置阶段全部成本产生的影响,从而保证在产品的整个生命周期中有效地进行成本削减。

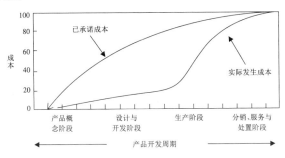

图2-1 已承诺成本与实际发生成本比较

2.目标成本管理体系要求工程人员考虑到产品、技术以及流程设计对产品成本的影响

一切设计决策在正式成为产品设计的一部分之前,都必须经过顾客价值影响测评。正如一位丹麦设计者描述的那样,产品设计是由产品市场状况而非最新技术水平来驱动的。

3.目标成本管理体系鼓励公司所有参与部门共同评价产品设计

目标成本管理体系鼓励公司所有参与部门共同评价产品设计,以保证产品设计改动在正式投入生产前做出。在传统成本管理体系下,许多设计改动经常发生在生产过程开始之后。图2-2比较了两种成本管理体系下设计改动时间上的差异。世界领先的目标成本管理公司在生产阶段开始后几乎不做任何设计改动,而没有采用目标成本管理的公司通常会在生产开始后发生大量的设计改动。

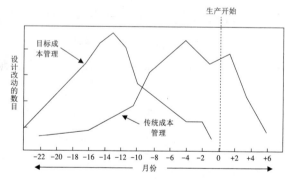

图2-2 目标成本管理与成本管理在设计改动时间上的比较

4.目标成本管理体系鼓励产品设计与流程设计同时进行而非先后进行

目标成本管理体系鼓励产品设计与流程设计同时进行而

非先后进行可以通过尽早发现并解决问题,以缩短开发时间并降低开发成本。

(四)跨职能合作

目标成本管理体系下,产品与流程团队由来自各个职能部门的成员组成,包括设计与制造部门、生产部门、销售部门、原材料采购部门、成本会计部门以及客户服务与支持部门。这个跨职能的团队同样包括了公司外部的参与者,如供应商、顾客、批发商、零售商和服务提供商等。该团队对产品从最初概念直到生产过程负责。下游职能部门参与产品开发,来帮助避免之后可能产生的问题。例如,运输与潜在的环境成本问题可以通过让相应职能部门参与到产品与流程设计而避免。跨职能合作还能够通过减少设计检查与更改,从而缩短产品推向市场的时间。产品上市时间与成本削减以及质量改进密切相关,因为问题是在产品开发的早期被发现并解决的。

跨职能团队要对整个产品负责,而不是各职能专家各司其职。克莱斯勒的 Neon 车型开发过程就是一个很好的例子。开发过程中,团队中的会计人员在冬天赶到新斯科舍(加拿大省名)观察“碰撞实验”,这样做是为了更好地理解产品性能,为产品负责,并评价他们的建议将为产品性能带来怎样的影响。

(五)生命周期成本削减

目标成本管理关注产品整个生命周期的成本,包括购买价格、使用成本、维护与修理成本以及处置成本。它的目标是最小化顾客以及生产者双方的产品生命周期成本。例如,一个顾客拥有一台电冰箱所付出的成本不仅仅是最初的购买价格,他还要支付电费(使用成本)、修理费用以及在该电冰箱使用寿命结束后的处置成本。从生产者的角度来考虑,生命周期成本意味着产品从出生(研发阶段)到死亡(产品处置或再循环)的全部成本。再以电冰箱为例,产品设计如果能够考虑到减轻重量,部件的安置易于修理,并采用可循环使用的材料,那么将减少该产品在运输、安装、修理以及处置方面的成本。产品生命周期成本原则包含以下两个子原则。

1.从顾客的角度考虑

最小化生命周期成本表示最小化拥有该产品的成本,也就是说,要降低产品在使用、维修和处置方面的成本。

2.从生产者的角度考虑

最小化生命周期成本意味着最小化产品开发、生产、推广、销售、售后服务与处置等成本。

(六)价值链参与

目标成本管理过程有赖于价值链上全部成员的参与,包括供应商、批发商、零售商以及服务提供商。所有成员之间建立合作关系,构成"扩展的企业",共同为成本削减做出努力。目标成本管理体系建立在价值链各成员长期的互惠关系基础之上。

二、目标成本管理与传统成本管理的区别

以上六项原则将目标成本管理与传统的利润和成本规划方法区别开来。许多公司所采用的传统利润规划方法是成本加成法。这种方法通常先估计成本,之后在成本上加上一定的利润率来得到产品价格。如果市场不能够接受这一价格,公司便会试图进行成本削减。而目标成本管理则从市场价格出发,结合目标利润率为某特定产品确定可接受的最高成本。之后的产品与流程设计都是为了保证成本控制在可接受范围之内。表2-1对传统的成本加成法与目标成本管理方法进行了具体的比较。

表2-1　目标成本管理与成本加成法比较

成本加成法	目标成本管理
成本规划时不考虑市场状况	市场竞争情况驱动成本规划
成本决定价格	价格决定成本
浪费与低效是成本削减的关注重点	产品与流程设计是成本削减的关键
成本削减不是由顾客驱动	顾客需求引导成本削减
成本会计人员对成本削减负责	跨职能团队对产品成本负责
供应商不参与产品设计	供应商参与产品设计阶段
最小化顾客的购买价格	最小化顾客拥有产品的全部成本
价值链成员极少或不参与成本规划	价值链成员参与成本规划

三、目标成本管理的理论基础

目标成本管理与传统的利润和成本规划方法之间的差异体现了它们所赖以建立的理论基础的不同。这些理论基础都源自系统理论,而系统理论正是许多现代管理与控制观点产生的根源。传统的成本加成法代表了"封闭系统"的方法。这种方法忽视了组织与其所处环境之间的互相作用,较少考虑影响系统运作的因素,只在观察到实际结果后才采取补救行动,并努力服从预先设定的标准。而目标成本管理则体现了"开放系统"的方法。这种方法强调组织适应环境的重要性,更多地考虑影响系统运作的互动关系,在实际结果发生之前便采取预防措施,并且随着时间的推移要求不断提高标准。

表2-2概括了传统成本管理方法与目标成本管理的四点

主要差别。传统的成本管理体系关注于内部成本效率,而不是外部市场需求;另外,成本管理活动也仅局限于企业内部,而没有延伸到整个价值链;成本削减集中在产品生产阶段而非产品与流程设计阶段;最后,成本被控制在某个预先设定的标准之内,而在达到该标准后不再努力改进来提高标准。这些都是因为,封闭系统理论是为稳定并且可预期的环境而设计的。然而在如今快速变化并且高度不可预期的商业环境下,这种理论已不再适用了。

表2-2 传统成本管理方法与目标成本管理方法的理论基础比较

系统理论概念	传统成本管理方法(封闭系统)	目标成本管理(开放系统)
与外部环境的关系	忽视外部环境;成本管理体系关注于对内部效率的衡量	与外部环境互动,对顾客需求以及竞争威胁做出反应
所考虑的变量数目	不考虑跨职能团队以及组织外部成员对成本系统的影响	考虑职能部门之间以及与价值链上其他成员之间的各种复杂关系
调节的形式	在实际成本发生之后,基于已发生的成本,根据已有信息采取补救措施	在实际成本发生之前,在产品设计阶段预计并规划成本
调节或控制的目的	将成本控制在预先设定的标准或预算之内	对产品整个生命周期的顾客成本以及生产者成本进行持续改进

四、目标成本管理流程

(一)目标成本管理实施的环境

目标成本管理与组织的竞争战略以及产品开发循环有着紧密联系。竞争战略定义了一个组织为满足市场需求、维持盈利所必须实现的目标。目标成本管理则为组织达成这一目标提供了途径。通过整合市场趋势、顾客需求、技术进步以及质量要求等战略变量,将其融合成能够满足顾客对价格、质量和时间方面期望的产品概念,从而帮助组织实现其目标。目标成本管理对如何满足顾客、赢得市场份额、获取利润以及管理成本等方面同时进行规划。在如今的商业环境中,离开了目标成本管理体系,想要在竞争性的市场价格下获得一个可接受的回报率即使不是不可能,也相当困难。

产品开发循环也为目标成本管理提供了实施环境。目标成本管理在产品设计阶段即对成本进行管理。将设计作为成本管理途径的做法通常只运用在新产品开发中。这也解释了目标成本管理与新产品开发紧密联系的原因。目标成本管理也可以运用于现有产品,但是只在现有产品或其生产过程需要彻底重新设计时才采用。典型的产品开发循环包括以下四个阶段。

1.产品战略与利润规划阶段

产品开发循环由整个企业层面上的战略规划开始。其结果是确定一整套产品及利润方案,说明该企业想要进入的特定市场和在该目标市场中所销售的产品。同时,这套方案还应该确定企业希望获得的市场份额以及要求从各个产品中获取的利润率。

2.产品概念与可行性研究阶段

产品开发循环的第二个步骤就是将产品和利润规划转化为具体的产品概念。产品概念根据顾客需求和竞争者情报确定。产品可行性则通过对产品生命周期成本的初步估计,评估所需技术,计算需要的投资以及估计可利用的生产能力来决定。

3.产品设计与开发阶段

一旦产品概念被接受,并且通过了可行性测试,就要进入全面的产品设计与开发阶段。有关生产与组装的详细说明都要在这一步展开。生产流程设计与产品设计协作进行,供应商被要求参与到这个过程中,为产品及流程改进出谋划策。

4.生产与物流阶段

生产与销售活动的全面开始标志着产品开发循环到达了顶点。售后服务与支持活动由此启动。通过对销售情况和顾客反应的观察以获取信息,用于持续改进或是重新设计该产品,或者推出下一代新产品。[①]

图2-3展示了目标成本管理过程在竞争战略以及新产品开发循环中所处的位置。图示说明了竞争战略是顾客调查与竞争分析的结果。这一结果同样被用于产品规划,从而使企业的竞争战略更加清晰。产品规划是产品开发循环的第一阶段。目标成本管理在产品规划、产品概念以及设计阶段都扮演了关键角色。生产阶段开始后,目标成本管理便退到了幕后,而由持续改进(也称为改善成本法)承担起成本管理的任务。

---

①钟江南.建筑工程项目目标成本管理研究[D].济南:山东大学,2013.

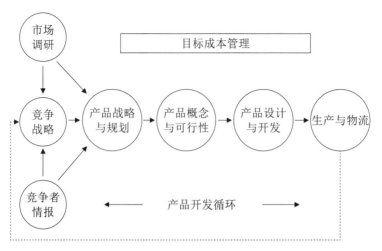

图2-3　目标成本管理的组织环境

图2-3将竞争战略与产品开发循环描述为先后过程。然而一个产品并不一定按顺序经历这些阶段。一些开发期较长的产品可能反复经历这个开发循环。一个产品开发循环可能开始于某个基于特定市场和技术的战略。然而，市场和技术是动态的，在产品设计结束之前也许已经发生了变化。在新的市场和技术条件下，产品则不得不重新经过概念和可行性这一阶段。

德州仪器公司开发数字微镜设备的过程就是一个很好的例子。在高分辨率领域，该芯片结合了传统的互补金属氧化物半导体技术与精密镜像技术。这一产品在开发的最初阶段定位在大屏幕高清晰度电视，用以取代传统的阴极射线管技术。但随着开发的进行，该产品被重新定位为商用、家用和娱乐用的高端大屏幕投影设备以及未来可运用于彩色打印的产品。这种产品的重新定位归功于反复的内部技术规划，使得新机会得以呈现。

（二）目标成本管理流程的阶段

目标成本管理分为两个阶段，与产品开发循环的前半部分和后半部分大致对应。我们把它们称作目标成本管理的确立阶段与达成阶段。确立阶段发生在产品开发循环的产品规划以及产品概念阶段，主要在于设立目标成本。达成阶段发生在产品开发循环的产品设计以及生产阶段，主要为了实现目标成本。目标成本管理的这两个阶段与产品开发循环的关系如图2-4所示。

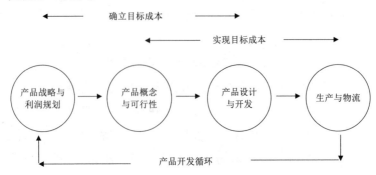

图2-4　目标成本管理与产品开发循环

（三）确立目标成本

目标成本是根据公司产品战略以及长期利润规划等参数来确定的。这些计划明确了公司的目标市场，目标顾客以及相应的产品或产品系列。新产品开发既可以通过应用新技术，也可以通过结合现有技术实现。最初的传真机就是运用新技术开发的新产品实例。而将传真机、打印机、复印机以及扫描仪整合在一起的产品则是通过结合现有技术开发新产品的例子。瞄准特定市场或特定消费者的产品在经过可行性测试后，就需要为其确定可允许的目标成本。图2-5展示了如何确立可允许的目标成本的大致过程。

如图2-5所示,确立目标成本经过了七项主要活动。以下将详细描述这些活动。

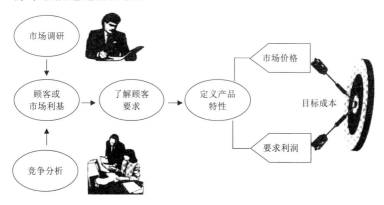

图2-5　目标成本管理的确立阶段

市场调研可以提供有关消费者需求的信息。调查结果可以用于确定公司计划开拓的利基市场或产品。通常,利基市场是指比诸如"关注饮食健康者"及"计算机爱好者"等一族消费者更宽的概念。

竞争分析包括竞争者正在向目标顾客提供怎样的产品,顾客是如何评价这些产品的以及竞争者将如何对本公司推出的新产品做出反应。

顾客或市场利基的确定需要通过分析市场及竞争者信息,来决定瞄准哪个特定的顾客群体。顾客或市场利基是更加具体的顾客群体概念,比如"年轻,有升迁机会的专业人员,年龄介于30~45岁的双收入家庭"。

顾客要求来自与产品有关的特定消费者信息。最初的产品概念可以用于确定初步要求,但之后需要持续关注与消费者相关的信息,产品设计在满足顾客要求之前要不断改善。

产品特性涉及为产品设定具体要求,包括该产品应该拥有哪些特性以及每种特性应达到的性能水平。后者体现了传统的质量要求,如可靠性、可依赖性以及维修的频率和难度。

市场价格是指消费者能够接受并且在竞争中不被打败的价格。市场价格可以通过多种方式来确。

要求利润是指一项产品必须达到的利润目标,通常由销售利润率来表示。销售利润率必须考虑到长期的利润计划以及公司在其行业中必须获得的资产收益率。

(四)实现目标成本

确立阶段关注的是宏观规划的过程,而达成阶段则处理成本计划与产品设计方面的具体问题,以保证实现目标成本。这一阶段重点关注如何将可允许的目标成本转化为可实现的目标成本。为实现目标成本所进行的活动主要发生在产品概念、可行性测试以及设计与开发阶段。这三个阶段都在产品设计最终投入生产之前,一旦产品设计投入生产,成本削减的重点便从目标成本管理转移到持续改进的努力上。

实现目标成本的过程包括以下三个步骤:①计算成本差距。②基于成本的设计。③产品投入生产,并实行持续改进。

计算成本差距即可允许成本与现行成本之间的差异,是实现目标成本的第一步。必须注意这里的成本是指全部产品成本,而不单是制造成本。现行成本就是根据现有的成本要素或成本模型对生产该产品的成本的最初估计。可允许成本与现行成本之间的差距必须按照生命周期以及价值链进行分解。按照生命周期的分解是将产品总成本按从"出生"到"死亡"的各阶段进行划分,包括调研、制造、销售、售后服务、客户支持以及处置成本。按照价值链的分解则考虑成本是发生在公司内部还是价值链上的某个成员身上,如供应商、经销商或者回收商。

基于成本的设计是实现目标成本最为重要的一步。成本削减的关键在于弄清楚这个简单的问题,即产品设计是如何影响该产品从最开始到最终处置的全部成本的。要包括全部成本,而不仅仅是制造成本,一开始可能会显得有些牵强。然而,许多"下游"成本如配送、销售、售后服务、仓储、客户支持、维护以及回收成本都会受到产品设计的极大影响。

以烘烤炉为例,它的重量和操作板的复杂程度都会受到产品设计的影响。对这些要素的设计又会影响到制造成本以及其他下游成本。较重的烘烤炉将会增加装载、运输和安装成本,因为可能会需要两个人而不是一个人来进行搬运。复杂的电子操作板将会增加销售人员向顾客解释如何使用的时间。另外也会提高产品支持与维修的成本,因为电子零部件相比机械零部件更容易发生故障。最后,采用的制造材料如果使得产品过重,将会极大地增加产品处置成本。以上所有因素都构成了产品的生命周期成本。其中相当一部分成本可以通过设计者的事先估计和仔细衡量而降低。

通过改善产品设计来降低成本需要以下四项关键活动的支持,它们分别是:产品设计、成本(价值)分析、价值工程以及成本估计(这四项关键活动将在之后的章节中详细解释)。这些活动会重复进行,直到产品设计从最初的概念发展为可以投入生产的设计。一项产品设计只有在其预计实际成本等于可允许目标成本时,才能够投入生产过程。这种递归式解决问题的方法也是目标成本管理的一个特征,其目的在于保证产品设计的成本有效。不同于传统的成本管理方法,目标成本管理不是避免了制造过程中的问题,而是在设计阶段就消除了可能带来问题的设计缺陷。

产品投入生产并持续改进是实现目标成本的最后一步。这一阶段关注于产品与流程的改进,来达到单纯通过设计无法实现的成本降低。主要活动包括消除浪费,提高生产效率(如用一定的原材料生产出更多产品)以及其他提高效率的方法。日本公司将这些活动通称为"改善成本法",而一些美国公司则叫作"价值分析",另外也有公司称之为"持续改进"。这些活动发生在生产过程开始之后,通过实际成本与目标成本的比较,可以将所学的经验应用到下一代产品的开发中。

五、建筑施工企业目标成本管理

做好建筑施工企业的目标成本管理工作是提升企业经济效益的重要前提和基础,在实际的管理工作中,工作人员需要以建筑施工企业发展的特点以及目标成本管理工作为基础和依据。另外,在具体的目标成本管理工作中可以看出,工作人员的管理水平是影响企业发展经济效益和社会效益的重要因素。因此,相关的工作人员需要对目标成本管理工作的内容、意义重要性以及相关的措施加强了解,这样才能够提升企业的综合竞争力,增强企业发展的整体效益。

(一)施工企业目标成本管理的内容和意义

1.施工企业目标成本管理的内容

对于施工企业的目标成本管理工作来说,工程项目的施工和管理是企业的重要业务类型之一。施工企业可以在同一时间内对不同的工程项目进行施工,项目的数量不受限制。在施工的过程中,企业的项目施工管理工作大体上是相同的。管理人员需要根据项目的成本来制定成本管理体系。同时,工作人员还需要对施工成本进行控制和分析。进行全面的目标成本管理和控制是至关重要的,需要从时间和空间上对施工成本进行控制和管理。在工程进行的不同阶段实现对成本的管理和控制。具体来说,主要内容包括项目的人力、物资以及机械设备的成本,工程项目设备、资金筹集的成本,材料采购以及现场管理的费用。除此之外,还包括人力资源的管理工作以及战略成本管理工作等。

2.加强项目成本管理的意义

从企业的发展方面看,加强项目成本管理工作的重要意义如下。

(1)对项目成本进行管理是提升企业经济效益的重要途径。众所周知,企业的利润主要是收入和成本的差值。因此,降低成本才可以提升企业的既得利润。如果将收入看成是固定不变的常数,成本数量和利润之间存在着密切的关系。

(2)做好企业的成本管理和控制工作可以帮助企业抵制外部的压力。企业要想长久地生存和发展,在经营的过程中,不仅要处理好自身内部的关系,还应该和外部的同行之间进行竞争。因此,就会受到市场经济中的经济环境以及政府课税等因素的影响。因此,企业只有提升企业成本管理工作的高效性,才能够有效地抵制外部的压力。可见,降低成本才能够最大限度地降低外部的压力,为提升企业的竞争力奠定基础。

（3）成本管理是企业发展的基础。企业的管理人员将成本控制在同行企业成本的范围内，就可以从根本上提升自身的竞争程度。另外，降低成本可以为企业开拓更为广阔的销售渠道，这样经营基础会得到高效的完善。同时，建筑企业还可以从根本上提升建筑工程的整体质量，在创新的基础上不断发展。

（二）施工企业目标成本管理实施原则

施工企业的成本原则是成本管理工作的基础和关键，在具体的施工工作中，主要可以从以下几个方面来进行阐述。

1.价格引导的成本管理

建筑施工企业在对成本进行管理和控制的过程中，会根据企业的发展需求采取各种不同的手段，以降低项目成本为最终的目的。同时，管理人员还需要根据成本的控制能力来提升成本管理工作的高效性。从市场运行的角度上看，竞争无处不在，要想达成最终的目标，需要通过主观努力来对成本水平进行科学合理的控制。

2.全面成本控制原则

对于目标成本来说，管理体系主要是由市场来进行驱动。所谓的全面成本控制，就是要从整个企业、员工以及管理的全过程等方面来实现全面的控制和管理。另外，对于项目成本的全面控制工作来说，这是一个系统性和实质性的问题。

3.动态控制原则

通常情况下，施工企业的项目类型都是一次性完成的，二次施工的情况较少。如果真采用二次施工的形式，必然会对施工项目造成严重的影响。因此，在施工的过程中，管理人员需要加强成本控制工作,将动态控制的相关原则融入项目企业目标成本管理工作当中。在施工的准备阶段,成本控制就是根据施工组织的设计以及成本目标等因素来制订科学的控制方案,为以后的成本控制工作做好准备。

4.跨职能合作

在目标成本管理体系的作用下,产品和流程团队主要是由各个不同的职能部门构成,其中包括设计部门、生产部门等。每一个项目都是由不同的工程构成,而且单项工程也同样具有独立的成本目标。

5.生命周期成本削减

对于目标成本管理工作来说,只有关注产品的整个生命周期,才能够对价格、使用成本以及各种维修和管理的费用进行处理。削减生命周期成本,同时,还需要实现产品生命周期的最小化。

(三)健全目标成本管理制度

1.制定项目目标成本管理办法

对于建筑施工企业的目标成本管理工作来说,提升目标成本管理组织体系的建设是至关重要的。在此过程中,还需要对相关的工作流程和成本预算等内容进行明确规定。为了提升这些工作进行的高效性,建筑施工企业需要以建立健全的目标成本管理制度为基础和前提。

2.建立施工前的成本核算评估制度

在建筑工程进行之前,需要根据工程的标价和预算工作来对操作人员、机械设备以及管理费用等进行估算。同时,还需要根据实际盈利的数量来对相关的工程成本进行细致的分析和研究,保证施工工程成本预算的科学性和合理性。

3.建立施工过程中成本管理检查制度

项目经理部门需要定期对成本进行分析和管理。在此过程中,管理人员需要结合工程的特点以及进度来对各项项目的成本进行分析。

4.建立决算制度

在施工进行的过程中,管理人员需要定期对施工进度以及施工的成本因素进行控制,同时,还需要做好工程款项的回收工作。在这一过程中,需要及时地进行报批。建立健全决算制度是至关重要的,在工程竣工之后,项目部门的决算报告需要包括最终的产值及技术指标和评价效果。

(四)强化施工企业项目成本控制的措施及对策

1.做好成本预测,加强前期成本控制

成本预测就是对影响成本的各种因素在采取相应降低成本措施做出充分分析的基础上,结合企业施工技术条件和发展目标,运用一定的科学方法,对一定时期或一个成本项目的成本水平、成本目标进行测算、分析和预见。成本预测是一个完整的决策过程。通过预测可以为企业降低成本,指明方向和途径,为选择最优计划方案提供科学依据。

2.加强成本中人工费和材料费的控制

成本中人工费和材料费的控制是加强成本管理,降低工程成本的关键环节。在人工费的控制方面重点是定额定员的控制。企业根据工程的实际情况制订劳动定额、工时定额,认真进行定员配备和劳动力安排,提高劳动生产率,做到按劳取酬。要合理配备民工,加强民工管理,杜绝民工使用上的浪费。在材料费的控制方面,在保质、保量的前提下控制材料价格;按定额确定的材料消耗量,实行限额领料制度,各班组只能在规定限额内分期分批领用,如超出限额领料,要分析原因,及时采取纠正措施,低于定额用料,则可以提取一定比例的奖励;改进施工技术,推广使用降低消耗的各种新技术、新工艺、新材料。

3.建立一个完善的成本管理组织机构,建立以项目经理为主的成本控制体系

在成本管理依据上,要制定一套符合市场实际的内部施工定额,用来结合已签订的合同、施工组织设计或施工方案、材料市场价格等相关资料,编制成本计划和下达成本控制指标,同时用来作为成本责任指标考核的重要依据之一。

总之,对工程项目施工成本的控制是施工企业一直研究的问题。而施工企业项目成本控制,旨在施工企业项目成本的形成过程中,对生产经营所消耗的人力资源、物质资源、机械费用及现场经费开支进行指导、监督、调节和限制,及时纠正将要发生费用和已经发生费用的偏差,把各项生产费用控制在计划成本的范围之内,保证成本目标的实现。

第二节 责任成本管理

一、完善的责任成本管理体系,是成本控制的基础

责任成本管理是企业的全员管理、全过程管理、全环节管理和全方位管理,是对涉及成本支出的所有参与人员的责任

划分、认定和评价的考核系统,是一项涉及面广,需要全员参与的系统工程。科学、完善的责任成本管理体系,是实现成本可控的基础,是参与责任成本管理人员的行动纲领。一般来讲,一个完善的责任成本管理体系应满足以下几点。

(一)成本管理要全员参与原则

责任成本管理首先是对人的管理。责任成本管理体系应保证让每个参与的人都知道自己的成本责任在哪里,明确责任,明确后果,合理地划分范围,及时地兑现奖惩,确保每个人都参与其中。

(二)成本预控的精准及时原则

责任成本管理不是施工过程中的临时管控,而是包含在成本发生前的精准预控和成本发生后的归集分析。一个项目在开工前,就必须对项目可能发生的成本精准预测,划分经济责任。大到材料供应、机械使用、工费控制,小到办公用品、车辆使用,都必须提前规划,制定目标。成本发生后的归集,要及时准确。对合理的成本支出,在今后的预控目标中调整;对不合理的成本支出,对相应的责任人进行处罚。经过这样不断完善的过程,成本的预控就会更加精准。

(三)企业和职工的双赢原则

要想得到企业和职工双赢互利的最佳效果,采用责任成本管理是最有效的管理方式。责任成本管理的目的是在提高企业经济效益的同时,使企业职工切实得到好处。经济效益与职工利益相辅相成,忽视了企业效益责任成本管理就失去了根本意义,而忽视了职工利益,责任成本便失去了执行动力。

（四）确保机制的自行运转原则

责任成本管理是一种科学有效的管理机制。在责任成本管理的实施过程中，最佳效果是将企业的各方利益全方位调动起来，从而实现成本管理各方的自我约束、自我监督、自行运转，形成一种成本控制的合力，很大程度地减少行政命令的干预，避免因管理者的异同而导致的管理误差，使成本管理、成本控制成为每个层级、每个职工的自觉行为。

（五）互为制约的监督机制

责任成本管理重在责任。为了避免某些人员为了实现目标的弄虚作假，就必须在体制的设计上互为制约，减少人为因素导致的成本失实，形成一个互相闭合的责任链、成本链。[①]

二、可行的配套管理方法，是成本管控的关键

制定可行、完善的责任成本管理办法，是责任成本管理体系顺利推行的关键。制定适合本企业甚至是本项目的责任成本管理办法，可以从以下几个方面着手。

（一）施工方案的逐级优化办法

施工方案的优化是成本管理的关键，科学合理、高效全面的施工方案体现在施工的全过程中，比如工期安排、临时工程的施工组织、机械设备的配置等，每一个细节都会体现施工方案的优化效果，同时也会对企业成本产生直接影响。因此，企业要将各级工程师的优化方案同企业的综合利益以及各层级的利益结合起来，选择最佳的预控方案，最大限度地、全方位地调动企业所有成员的参与。

---

① 王磊. 浅谈如何加强和完善施工企业责任成本管理［J］. 铁道建筑技术，2013，（9）：118-121.

(二)工程数量的逐级控制办法

工程数量的控制不仅仅包含合同内图纸数量的控制,同时也包含合同外零星工程导致的成本增加。对于合同内的数量,通过建立台账,并在两个以上部门分别计算后,经总工审核后的工程量作为上对下工程结算的依据。

很多在施工现场工作的人都知道,在施工中经常在对下的验工计价中发现很多临时用工和临时机械的费用。为了控制这些费用,很多项目部也制定了相应的严格管控制度。但由于这些费用发生的临时性和即时性,过后无据可查,成为费用管控的死角。所以,对于合同外的零星用工和机械费用,应制定相应的办法纳入现场管理考核的范畴,减少零星用工的签认量,对于不许签认的零星用工和机械,必须用注明完成的量化工程量等办法,杜绝人情签、好人签。

(三)价格的逐级控制办法

在工程施工前,建筑企业的成本管理部门需要到施工现场对材料价格、工费价格以及运输机械租赁价格进行调研,根据审核后的施工组织设计,确定项目责任预算单价,以此作为项目部签订外部劳务合同、供料合同、设备租赁合同的最高限价。

(四)责任预算的动态调整办法

在施工过程中,责任预算会因一些实际问题和困难而变化,这就需要相关部门制定责任预算的动态调整办法,这样才不会与实际脱节,才会真正体现责任预算的意义。预算的动态调整办法要对调整的条件、范围、程度做出详细而明确的说明。对符合调整的责任预算,必须进行调整,以确保责任预算的合理性和可操作性。

（五）责任会计核算办法

责任会计的主要职能体现在正确地规范企业各部门之间的经济关系，比如各项目部和企业之间的以及各责任中心和项目部之间的经济关系，并依据相关的奖惩制度和办法来实现经济核算。核算部门依照"责权发生制"的原则，对考核期内发生的成本科学合理、及时、谨慎地归集，对"待摊费用"合理分摊。成本核算部门应准确计算下达材料消耗定额，建立责任中心成本台账，进行责任中心内部计价，确定责任中心收入，进行成本归集，和财务部门核对以避免成本计算的失误，编制成本报表，定期进行成本分析，查找节支、超支原因，评价业绩，兑现经济利益。

三、项目管理者的观念，决定着项目责任成本管控的成败

责任成本，首先是管理者的责任。只有管理者有了责任，才能将责任传递给各个责任成本层。

（一）管理者的责任需要制度的约束

在目前的建筑市场环境下，施工方必须跟着业主的指挥棒转。对于业主来说，安全、质量、进度是他们关心的问题所在。为了迎合业主，施工方有时候不得不把成本暂时放到一边，或者为了业主关心的问题，增加成本投入。

（二）管理者只有对本企业的责任成本体系进行深入的了解，才能增加管理者的管理信心

管理者的信心来自对企业责任成本的深入了解。比如，责任成本的意义是什么？实施责任成本管理到底能为企业带来哪些好处？本企业的责任成本管理体系设计得是否合理？配

套的制度和管理办法是否完善？这些都必须要管理者在实践中将其完善与提升。管理者在实施责任成本管理体系之初，可以通过在个别项目上做试点，逐步地修改、完善，总结出适合本企业的制度体系和管理办法，让企业在运行责任成本管理体系中得到实惠，并通过管理者，将责任成本管理的理念贯彻上下，这样才能真正全面开展责任成本管理，才能坚定管理者执行的决心，才能让企业的员工更有信心。反之，在管理者对企业责任成本体系未做深入了解的情况下，盲目地搞责任成本管理，只能流于形式。

第三节 作业成本管理

一、作业成本管理理论

(一)作业成本管理的基本理论

作业成本管理(activity-based costing management，ABCM)，ABCM是以提高客户价值和增加企业利润为目的，它是源于作业成本法(activity-based costing，ABC)的管理理论。ABC以作业为基础，以"生产消耗作业、作业消耗资源"从而导致成本发生为原则，利用成本分配率将费用分配到生产活动中去，根据构成的成本来采取改进措施，通过确认作业、作业成本和计量，计算最终的成本，并将计算的成本落实到企业各个层次的作业中，同时对所有作业活动进行动态反映和追踪，分析成本链(包括分析动因，作业等)，为企业提供准确的信息决策；指导企业各个层次的作业有效地执行作业,为企业精简和消除不能创造价值的作业,以达到降低作业的运行成本的目的,提高效率。

(二)建筑施工作业成本核算

在进行建筑施工中的作业成本核算时,应该确定建筑施工中的辅助体系的所有作业,再将辅助体系的费用逐一对应到相应的作业里,直到将建筑施工企业的所有辅助费用都对应到所对应的作业中,并通过为每一作业确定一个作业成本驱动率,此时就得到了所有作业成本核算的建筑施工的产品。建筑施工企业以"作业"为中心,它能得到作业成本的真实准确信息,还能得到建筑企业在施工中的作业非财务信息。因此,建筑施工企业应该以"作业"为纽带,将把建筑施工中的两个结点(成本信息结点和非财务信息结点)有机地结合起来,以"作业"为基本要素进行成本分配,并对建筑施工企业在施工中的成本进行分析和管理。

作业成本法改变了传统建筑施工企业对成本概念的认识,并逐步形成了新型的企业成本观。新型的企业成本观不但重视自身的施工现场的生产所消耗的成本费用,而且还重视其他非生产所消耗的成本费用。新型的建筑施工企业成本观对其自身在施工过程中所产生的成本是依据:成本是作业链各环节的所有成本。因此,这就要求建筑施工企业重视其在整个施工过程发生的成本费用,传统建筑施工企业在核算成本时,所采用的方法是对辅助费用按一定的比例进行分配,而不重视在施工过程中各类辅助费用在产品中的实际发生消耗额度。[①]

①梁志厚. 建筑施工企业目标—作业成本管理模式的应用探讨[J]. 中国科技信息,2013,(3):115+117.

(三)作业成本管理计算模型

建筑施工企业在工程项目的成本分析基础包括了该工程项目管理的各类现场记录和工程项目成本核算,因此分析工程成本项目与成本核算主要有人工费用、材料消耗费和机械使用费等。

(1)人工费用是将非施工工程项目人工消耗费用分离出来并将人工费用转入各成本项目,以此为基础对上期和本期以及目标计划进行对比找出可以降低成本点。

(2)材料费包括了材料、结构件和周转材料使用费以及材料储备费。

材料和结构件的成本费用可按如下公式进行计算分析:

$$A_1 = (T - t) \times Q$$

式中:

A_1——材料价格变动对材料费的影响;

T——预算单价;

t——实际单价;

Q——消耗数量。

$$A_2 = (M - N) \times P$$

式中:

A_2——消耗数量变动对材料费的影响;

M——预算用量;

N——实际用量;

P——预算价格。

材料周转率和损耗率按可以如下公式进行计算分析:

$$C = \frac{R \times W}{H \times h} \times 100\%$$

式中：

C——周转率；

R——实际使用数；

W——租用期内的周转次数；

H——进场数；

h——租用期。

$$F = 1 - \frac{E}{H} \times 100\%$$

式中：

F——损耗率；

E——退场数；

H——进场数。

材料采购保管费归属于材料采购成本范畴,材料采购保管费支用率按如下公式进行计算：

$$S = \frac{O}{G} \times 100\%$$

式中：

S——材料采购保管费支用率；

O——计算期实际发生的采购保管费；

G——计算期实际采购的材料总值。

（3）机械设备费用是指项目部以合同形式租赁的机械设备费用

其指标包括了机械设备利用率和机械完好率,并可以按如下公式计算：

$$m_1 = \frac{Z_1}{k_1} \times 100\%$$

式中：

m_1——机械设备利用率；

Z_1——机械设备实际工作台班；

k_1——制度工作台班。

$$m_2 = \frac{Z_2}{k_2} \times 100\%$$

式中：

m_2——机械设备完好率；

Z_2——机械设备完好台班数；

k_2——制度台班数。

以上计算模型，使得作业成本法在施工项目中的应用成为可能，它是以成本核算为研究对象，其目的是研究项目作业成本的机理，用于解决实际项目施工中的各种作业成本管理的方法。

二、建筑施工作业成本管理应用

(一)作业成本管理理论导入与方案设计

建筑施工企业在应用作业法进行管理时，首先要分析本企业的成本管理现状，找出在施工过程中存在的成本管理问题，并针对存在的管理问题，通过导入作业成本管理理论进行分析，应用作业成本法重组施工机构，改造施工流程。对于施工项目要坚决执行作业成本核算，并在作业成本管理上做到精细化管理，提高作业成本管理水平，加强成本信息的真实性和准确性，同时也要规避成本信息的失真，这样才能更好地运用作业成本法并且达到成本的控制。

作业成本管理方案是以作业成本理论为依据，它将建筑施工企业内部机构的作业管理分为两层(即管理层与项目执行层)并实施展开运作,在管理层中它是基于作业管理的原理,在项目执行层中它是基于作业成本计算的原理,其作业成本管理方案如图2-6所示。从图中可以看出其特点是优化了建筑施工企业成本管理水平,内容基本上涵盖了企业内部机构的管理层和项目层,使之更加适合对建设施工的管理,它的重点是能够造就一种全新的作业成本管理模式来提高建筑施工企业的成本管理水平。

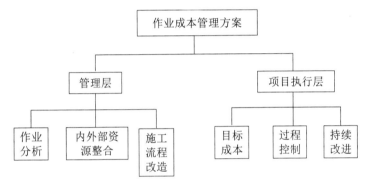

图2-6　作业成本管理方案

(二)施工企业与项目作业成本管理

从一个在建的建筑工程来看,工程的成本可以分为广义的建筑成本和狭义的建筑成本,广义的建筑成本是建筑施工企业在从事建筑经营中为了获取和完成建筑工程所付出的代价,它反映出在建的建筑工程成本,并以成本的具体的形式给予展现出来。狭义的建筑成本是对建筑工程所发生的成本作了一定范围的限制,将建筑施工企业的在经营费用和利税排除在此范围以外,它是项目作业成本管理的一种特定的形式,对于一个建筑施工企业的项目经理来说,他的职责内容包括了成本核算与成本控制。

建筑施工企业对一个工程项目追求的是效益,如何控制好施工项目的作业成本管理是建筑施工企业实现其利润最大化的有效手段。因此,通过对项目科学的组织与项目发生的实际作业成本进行计算。施工项目作业成本管理的成本核算,界定的具体范围是在建工程项目,作业成本核算内容包括了人工、材料、施工机械设备、组织项目施工的管理和与此相关所产生的费用成本。项目作业成本管理的核算的目的是更有利地提供成本控制的数据,并为项目实施的计划提供信息和成本预测。作业成本核算常用的计算方法为会计学、统计学、运筹学等,对于核算出的数据信息要能够满足建筑施工企业对施工项目作业成本管理的实际要求。

作业成本管理是建筑施工企业的一种先进成本管理模式,它能够完全应用于建筑施工企业的成本管理中。而作业的基础是成本核算与控制理论能够应用到建筑施工企业的项目作业成本管理中,并能够有效地对建筑施工企业进行作业成本控制,进而实现建筑施工企业的施工成本的降低。

第四节 价值链成本管理

一、价值链的相关理论概述

最早的价值链的概念是在美国被提出的,它是指企业为客户生产有价值的产品或劳务而发生的一系列创造价值的活动,在价值链上的每一项的价值活动都对于企业整体效益具有重要的影响,而每一个价值活动都是增加企业效益的利益点。价值链发展到今天,已经逐渐成为一种企业战略性分析的工具,它可以被分解为一个个有价值的活动,也可以整合成一个整体。价值链具有一定的广泛性和存在性,它存在于任何一个经济活动之中,包括很多方面的内容,既包括企业内部价值活动,也包括一些和外界相关的外部价值链,当然每一个价值链之间都具有一定的联系性和相关性。

自从20世纪90年代以后,价值链才被应用于工程领域,尽管如此,其在工程领域中推广和应用的速度是比较快的,在越来越多的企业意识到成本控制的重要作用后,也开始将企业的价值链理论应用在建筑施工企业。在众多的行业中,建筑施工企业具有其独有的特性,因此建筑施工企业与一般的生产经营企业在价值链上具有差异性,成本控制理论和价值链理论的结合是实现企业成本控制和战略管理的关键,对推动企业的发展具有重要的作用。在建筑施工企业成本管理中应用价值链理论,可以寻求一条新的降低生产成本的路径,同时还可以在一定程度上消除不增值作业,对于影响施工成本的因素进行预防和控制,从而达到降低成本的目的。[①]

二、建筑施工企业成本管理现状以及存在的问题

(一)成本管理制度和成本管理机制不健全

在对建筑施工企业的成本管理中,缺乏完善的成本管理制度和成本管理机制是常见的成本管理问题之一,也正是由于这个原因,施工企业的成本管理效果往往不容乐观,在一定程

①罗红雨.价值链成本控制研究[M].北京:中国经济出版社,2013.

度上增加了施工的成本、影响施工企业的实际的经济效益。如果从一个完善的项目管理体系的角度来看,成本的管理制度和机制作为其重要组成部分,对于施工企业的成本管理发挥着重要作用,而很多的施工企业由于缺乏正确的管理制度,成本控制的观念还比较落后,使得施工企业的管理体系还存在很大的漏洞。

(二)缺乏完善的责任权利相结合的奖励机制

责任权利的有机统一和结合是提高施工企业工作效率,加强企业管理的重要基础,而为了实现责任权利的统一,建立健全的责任权利相结合的奖励机制是非常必要的。在实际的企业管理中,各部门责任不明确、分工混乱、效率低下、权力滥用等现象还时有发生,这和管理层存在管理漏洞、思想错误有着很大的关系,同时也对施工企业的成本控制和管理造成了不利的影响。另外,对各部门或是人员的奖励不公等问题也会影响到企业员工的生产积极性,不利于提高他们的工作热情和培养他们的责任感,在实际的成本管理中这些都是影响管理效果的潜在因素。

(三)成本管理缺乏长期性和战略性

1.重结果,轻监控成本管理战略

成本管理具有长期性和战略性,在成本管理过程中,应该兼顾过程监控和结果的关系,二者应该并重,而不是重视一方而轻视另一方。就目前大多数的建筑施工企业而言,只是一味地追求成本管理的目标是否实现,而并没有充分考虑管理的过程和环节,并不能对项目成本控制过程中的一些问题及时地研究和处理,这只会对结果造成消极影响而并非积极促进作用。

2.重制定,轻执行

施工企业一般都比较重视对于成本管理战略方针的制定,主要有两方面的原因,一方面是因为这是企业既定方针政策的要求,也是符合企业利益的。另一方面是因为科学合理的成本控制战略有利于工程的成本控制,对于下一阶段成本控制起到一定的指导性作用。但是如果过分强调控制战略的作用而忽视了执行和可行性分析,也必将只是一纸空文,无所用处。

3.成本控制方法不科学合理

传统的项目成本管理只注重对施工过程的成本控制,却没有将施工组织设计阶段的成本控制考虑在内,并没有对不同技术方案进行技术经济评估,因此就直接导致工程的施工设计方案缺乏一定的科学性、经济性、合理性。另外,受到这种管理模式的影响,成本控制的方法也不尽合理,很多工程施工成本核算流于形式,而且报价经常忽略市场因素的影响,这种成本管理方法和模式并将被新的成本管理方法取代。

三、基于价值链理论下的建筑施工企业的成本管理

(一)建筑施工企业外部价值链成本管理

建筑施工企业的外部价值链主要是通过提高对市场的整合掌控能力来提高企业的效益,施工企业的外部价值链是联系外界的桥梁,通过这个价值链可以将施工企业和供应商紧密地联系在一起,在实现双方共赢的同时还可以实现利益共享。当然建筑施工企业外部价值链成本管理或是创造出更多收益的方法并不是单纯的让供应商和分包商让利,而是更注重通过战略上的合作或是协调,最终达成利益共享,可以通过

协作减少中间环节、稳定合作方式、确定供应品种、落实分销数量和提高供应品质,从而实现利益共享的目的。因此,建筑施工企业外部价值链下的成本管理首先应该认清当前的竞争形势和环境,充分利用社会资源和企业资源,使之相互结合、相互联系、优势互补,实时掌控市场信息,争取从长远着手,加强和供应商的战略合作,以此来提高采购的效率,同时还可以降低采购成本,实现双赢和共赢。

(二)建筑施工企业内部价值链成本管理

一般来说,企业的内部价值链包括基本活动和辅助活动两部分,其中的辅助活动是贯穿在企业生产活动的各个方面,企业通过基本活动和辅助活动来实现企业的基本价值和辅助价值。

(三)建立健全的责权利相结合的目标责任成本管理体制

企业权、责、利的关系处理的好坏是落实和加强施工企业成本管理的重要基础,而为了正确处理三者的关系,建立健全的责权利相结合的目标责任成本管理体制是非常有效和重要的举措。对于施工企业来说,首先要加强管理,传承责权利相结合的企业文化的同时要制定与企业实际相结合的责权利相结合的目标责任制,贯彻落实成本管理体制的相关内容,确定成本管理目标;对于企业的管理层来说,要及时更新管理观念和思想,将成本管理的思想运用到实际的管理工作中去,正确处理好权责利的关系,对每个部门和人员的责任要明确,要分工明确,奖惩分明。同时要加强财务预算,做好财务管理工作,从预算出发,加强企业的成本控制和管理,当然施工企业的成本管理是一个过程,绝不能急于求成,盲目大意。

（四）完善以价值链为分析基础的成本控制系统

在建筑施工企业中应用价值链的相关理论主要体现在两个方面：一方面是对整个建筑工程的价值链分析，通过分析可以找出潜藏在工程中的价值链中的可以降低成本的环节和关键，由此可以及时采取措施达到成本控制的目的。另一方面，要对工程成本控制的一些关键环节进行整合和必要的成本分析，通过对影响施工成本要素的控制和管理来实现施工成本控制。建筑施工企业的内部价值链不仅反映的是企业的价值所在，还可以通过价值链分析对施工的各个阶段进行成本管理，比如在项目承揽阶段、施工阶段以及竣工保修阶段的成本管理重点是对市场营销、现场控制、回款清欠进行管理，这些都是加强施工企业成本控制的关键点和突破点。另外也可以通过对工程价值链的分析，对人工、材料、机械设备等进行费用节约，实现成本控制。

经济效益最大化是每个企业所共同追求的，但要想在激烈的行业竞争中立于不败之地，就必须加强建筑工程的成本控制，不断寻求新的科学的成本控制方法，努力将工程的造价控制在合理的范围之内，促进企业的又好又快发展。基于价值链理论的建筑施工企业成本管理具有很大的优越性，在建筑施工企业的成本控制中具有重要的作用，非常值得研究并推广和应用，同时这也符合企业的根本利益。

第三章 建筑施工企业项目施工前的成本预控

第一节 施工项目成本计划工作的原理

施工项目成本是一个变量,其大小取决于怎样施工,因此,降低施工项目成本的有效途径是合理地安排施工,相应地,相对于传统的施工项目成本计划方法,基于集成管理模式的施工项目成本计划工作的一般原理,强调计划的全面性和全过程性。

全面计划的基本理念是:只有通过全方位施工决策,合理定义项目范围、拟定进度及资源计划、拟定分包方案、拟定采购方案等,才能据此准确估算施工项目成本。相应地,就计划方法而言,全面计划强调将成本计划与造价、进度、资源、采购等职能环节的计划工作关联起来,通过基于信息交互的协同工作,实现各控制目标之间的统筹平衡。

全过程计划的基本理念是:由于受变更事件的影响,施工过程通常处于不断地变化之中,为此,只有通过全过程成本监测,获得实时的施工项目成本信息,并反馈给相关职能岗位的管理者,支持其根据变化了的条件做出新的决策,据此,施工过程中需不断地估算对应于未完施工任务的成本。相应地,就计划方法而言,全过程计划强调根据变化了的计划条件,将成本计划工作贯穿于施工全过程。

一、协同工作

协同工作的基本原理如图3-1所示,通过基于信息共享的协同工作,实现各控制目标之间的统筹平衡,并据此估算施工项目成本。

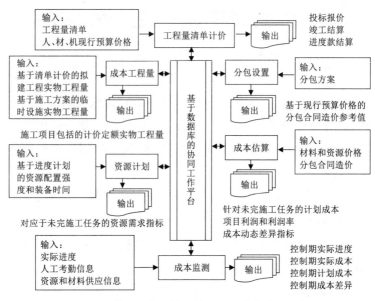

图3-1　基于协同工作的施工项目成本计划示意

(一)工程量清单计价

工程量清单计价的主要任务是计算承包工程造价,据此给投标报价、结算进度款和办理竣工结算等提供决策支持。从动态的角度看,作为报价竞争时拟定的预期价格,投标报价其实是竣工结算的一个特例,目的均是确定工程造价,进度款结算是按施工合同的约定,计算对应于结算期完成的实物工程量的造价,目的是据此向业主结算进度款。

1.输入

编制投标报价时,输入施工合同条件、业主提供的工程量清单、相应的计价定额工程量、计价定额规定的消耗量标准、现行预算价格等;编制竣工结算时,除了输入有关施工合同的信息外,还需输入施工过程中发生的变更签证、调价依据、施工索赔和实际价格等资料;编制进度款结算时,除了输入有关施工合同的信息外,还必须调用经过成本监测产生的当期实际进度,即当期完成施工任务的实物工程量,并输入当期发生的变更签证、调价依据、施工索赔和实际价格等资料。

2.主要处理过程

采用定额计价和费率计价等技术方法计算工程造价。

3.面向本部门的输出

投标报价(竣工结算)或进度款结算文件。

4.面向协同平台的输出

拟建工程的工程量清单及相应的计价定额工程量、实体材料消耗量,对应于计价定额工程量的人工费、材料费、机械费、管理费、利润等明细信息,相关措施费的明细信息。[①]

(二)计算成本工程量

计算成本工程量的主要任务是:首先,基于清单计价过程得到拟建工程的计价定额实物工程量,通过针对拟建工程的深化设计和工程量复核调整拟建工程定额工程量。其次,拟

---

①崔娜.建筑工程工程量清单计价造价控制探讨[J].中国建筑金属结构,2013,(24):143.

定施工方案,针对需经过现场施工才能获得的临时设施,按施工方案计算临时设施的计价定额实物工程量。最后,通过必要的分组和汇总,形成施工项目包括且需要完成的计价定额实物工程量表,完成对施工项目范围的定义。

1.输入

基于清单计价过程的拟建工程计价定额实物工程量、施工现场条件、拟定的施工方案、基于施工方案的临时设施设计资料。

2.主要处理过程

计价定额工程量的计算和复核。

3.面向本部门的输出

施工项目包括且需要完成的计价定额实物工程量表。

4.面向协同平台的输出

施工项目包括且需要完成的计价定额实物工程量表。

(三)分包设置

分包设置的主要任务是拟定分包方案,包括选择分包商、确定分包合同类型、明确分包范围和分包内容等,基于拟定的分包方案,计算由分包商承担的资源和材料的数量,并根据清单计价过程的价格信息,估算基于资源和材料预算价格的分包合同造价作为参考,以便于通过询价或协商最终确定分包合同造价。

1.输入

清单计价过程采用的价格水平、成本工程量计算的结果、本企业施工能力的限制、企业认可的分包商名录等。

2.主要处理过程

选择分包商、确定分包合同类型、明确分包范围和分包内容等。

3.面向本部门的输出

拟定的分包方案。

4.面向协同平台的输出

拟定的分包方案、基于资源和材料预算价格的分包合同造价。

(四)进度及资源计划

进度及资源计划的主要任务是拟定施工项目进度计划、配置按计划进度施工必需的施工资源、据此编制对应于进度计划的资源需求计划等。从动态的角度看,编制进度及资源计划必须立足于施工过程中的某个控制期末,根据变化了的计划条件,拟定对应于控制期末未完工程的进度计划及相应的资源需求计划。

1.输入

成本工程量计算的结果、经成本监测得到的累计已完工程量、施工技术和组织方面要求、资源可获性限制、合同工期、拟定的分包方案等。

2.主要处理过程

构建施工项目工作分解结构、编制网络图并分析计算、编制进度计划和相应的资源需求直方图。

3.面向本部门的输出

控制期末未完工程的进度计划图表、相应资源需求直方图。

4.面向协同平台的输出

对应于进度计划的资源需求直方图。

(五)成本估算

成本估算的主要任务是估算分包工程费、实体材料费、现场施工费,并按施工项目成本计划和控制指标体系的要求计算相应的指标值,编制计划和控制报表。从动态的角度看,成本估算必须立足于施工过程中的某个控制期末,根据工程量清单计价、成本工程量计算、分包设置、进度及资源计划等的工作成果,估算对应于控制期末未完工程的计划成本,计算相应的成本计划和控制指标值。

1.输入

包括工程量清单计价、成本工程量计算、分包设置、进度及资源计划等计划工作在内的成果,分包合同报价,由总承包企业自行承担的人工、材料、机械等的价格,经过成本监测得到的实际进度和实际成本信息。

2.主要处理过程

第一,确定基于分包方案的分包合同造价并汇总成分包工程费,调用经成本监测获得的已结算分包工程费,据此计算期末分包工程费。第二,调用经成本工程量计算得到的施工项目包括的计价定额工程量,结合分包方案计算由总承包施工企业自行承担的实体材料总消耗量,调用经成本监测获得的实际实体材料消耗量累计,并结合当期价格水平计算期末实体材料费。第三,根据进度及资源计划的结果,结合当期资源价格水平,计算由总承包企业自行承担的期末计划施工资源费,即项目内施工资源费。第四,按期末资源费的计算方法计算期末现场包干费。第五,调用经清单计价过程得到的工程造价及其费用明细信息,计算项目利润和利润率。第六,计算控制期末成本动态差异指标。

3.面向本部门的输出

控制期末对应于未完工程的期末计划成本、项目总成本、控制期末的项目利润和利润率、控制期末对应于未完工程的成本动态差异。

4.面向协同平台的输出

控制期末的施工项目成本计划和控制指标、计划和控制指标的计算依据。

(六)成本监测

成本监测的主要任务是,测量并记录施工项目在控制期内的实际进度、对应于实际进度的实际成本、计算控制期成本差异指标。

1.输入

控制期实际完成的计价定额实物工程量;区分不同供应商输入控制期实体材料供应信息(包括时间、批次数量、价格等),并于控制期末输入实体材料库存量;区分不同供应商输入控制期施工机械和周转材料进(退)场信息(包括进退场时间、批次数量、价格等);区分不同工种输入人工出勤信息(包括日期、班次、工作时间、病假、事假、因气候条件导致的停工时间等)。

2.主要处理过程

采用会计核算、统计核算以及业务核算等方法,计算控制期内对应于实际进度的实际成本和计划成本指标,并计算控制期内成本差异指标。

3.面向本部门的输出

控制期实际进度、对应于实际进度的实际成本和计划成本、控制期成本差异等指标,控制期末资源和材料的库存数量及其相应的单价。

4.面向协同平台的输出

控制期实际进度、对应于实际进度的实际成本、对应于实际进度的计划成本、期内成本差异等指标。

二、计划工作流程

集成管理理论强调项目计划和控制之间的循环互动,就施工项目成本计划方法而言,如图3-2所示,基于成本监测反馈的信息,要求随着变化了的主客观条件,不断地编制控制期末对应于未完工程的成本计划,一方面用于指导下阶段的施工作业。另一方面作为下阶段成本控制的依据。

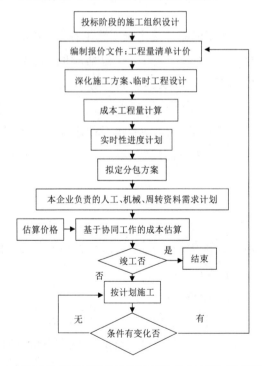

图3-2 基于集成管理模式的施工项目成本计划工作流程示意

第二节 承包工程造价成本

一、承包工程造价的基本概念

(一)工程造价的概念

就业主而言,工程造价是发生在工程项目建设过程中的全部一次性费用。工程项目是将资金转化成资产的一次性活动过程,作为业主直接投资的第一个环节,为获得投资所需的固定资产,须借助于工程项目。建设过程主要是业主采购社会资源的过程,由于业主通常并不具备将资金转化成资产的建设能力,所以,必须通过市场采购组合必要的社会资源,并据此完成建设任务。业主采购社会资源的费用加上自行建设的费用就是业主方的工程造价。

就施工企业而言,作为业主采购社会资源的重要组成部分,施工企业的施工劳务一般是在承发包体制下完成交易的,交易过程中,业主采购施工企业的施工劳务为其完成指定工程的施工任务并为此支付费用,施工企业受业主的委托对指定工程承包施工并对质量负责,承包工程造价是业主采购施工企业的施工劳务为其完成指定工程的施工任务,按施工合同的约定,必须支付给施工企业的劳务报酬,是一种价格。

(二)费用构成

承包工程造价作为施工劳务这种特殊商品的价格,按构成商品价格的一般原理分类,可以被划分成制造成本(直接费、现场管理费）、期间费用（企业管理费、规费）、利润和流转税税金等费用。

对于国有资金投资项目，由于政府作为项目的业主方，所以有必要对投资的使用进行直接管理，作为管理措施之一，需要统一承包工程造价的费用划分标准。

根据《建筑安装工程费用项目组成》（建标[2013]44号文件），建筑安装工程费用按构成要素组成划分为人工费、材料费、施工机具使用费、企业管理费、利润、规费和税金。按工程造价形成顺序划分为分部分项工程费、措施项目费、其他项目费、规费和税金。

1.按费用构成要素划分

（1）人工费

人工费指按工资总额构成规定，支付给从事建筑安装工程施工的生产工人和附属生产单位工人的各项费用。内容包括计时工资或计件工资、奖金、津贴补贴、加班加点工资、特殊情况下支付的工资。

（2）材料费

材料费指施工过程中耗费的原材料、辅助材料、构配件、零件、半成品或成品、工程设备的费用。内容包括材料原价、运杂费、运输损耗费、采购及保管费。

（3）施工机具使用费

施工机具使用费指施工作业所发生的施工机械、仪器仪表使用费或其租赁费。包括施工机械使用费、仪器仪表使用费。

（4）企业管理费

企业管理费指建筑安装企业组织施工生产和经营管理所

需的费用。内容包括管理人员工资、办公费、差旅交通费、固定资产使用费、工具用具使用费、劳动保险和职工福利费、劳动保护费、检验试验费、工会经费、职工教育经费、财产保险费、财务费、税金、城市维护建设税、教育费附加以及地方教育附加。

（5）利润

利润指施工企业完成所承包工程获得的盈利。

（6）规费

规费指按国家法律、法规规定，由省级政府和省级有关权力部门规定必须缴纳或计取的费用。包括社会保险费、住房公积金、工程排污费，其他应列而未列入的规费，按实际发生计取。

（7）税金

税金指国家税法规定的应计入建筑安装工程造价内的营业税。

2.按造价形成划分

（1）分部分项工程费

分部分项工程费指各专业工程的分部分项工程应予列支的各项费用。包括专业工程、分部分项工程。

（2）措施项目费

措施项目费指为完成建设工程施工，发生于该工程施工前和施工过程中的技术、生活、安全、环境保护等方面的费用。内容包括安全文明施工费、夜间施工增加费、二次搬运费、冬雨季施工增加费、已完工程及设备保护费、工程定位复测费、特殊地区施工增加费、大型机械设备进出场及安拆费、脚手架工程费。

（3）其他项目费

其他项目费包括暂列金额、计日工、总承包服务费、暂估价。

（4）规费

规费指按国家法律、法规规定，由省级政府和省级有关权力部门规定必须缴纳或计取的费用。包括社会保险费、住房公积金、工程排污费，其他应列而未列入的规费，按实际发生计取。

（5）税金

税金指国家税法规定的应计入建筑安装工程造价内的营业税。

二、承包工程造价计价一般方法

为了合理分配施工风险，我国实行工程量清单计价模式。基于工程量清单计价模式的承包工计价过程的一般程序是：第一，业主编制招标工程的工程量清单（招标工程量清单，作为招标文件的组成部分），用于向施工企业描述承包施工任务。第二，施工企业分别就招标工程量清单包括的每一项承包施工任务计算（报出）单价，并据此汇总承包工程造价作为承包施工的期望价格。第三，业主通过对投标文件的评审选择中标单位。第四，通过和中标单位协商，确定施工合同造价，值得注意的是，基于清单计价模式的施工合同类型一般采用单价合同，相应的合同造价原则上就是中标价。第五，施工过程中按合同约定，可以根据所出现的"调价"因素调整工程量及相应的单价，并据此计算竣工结算造价。

（一）招标工程量清单

作为招标文件的重要组成部分，招标工程量清单是业主向施工企业描述招标工程的分部分项工程项目、措施项目、其他项目、规费项目和税金项目的名称与相应数量的明细清单。招标工程量清单的具体内容包括以下几个方面。

1.分部分项工程项目

用于描述招标工程包括的实体性施工任务。

2.措施项目

用于描述招标工程包括的措施性施工任务。

3.其他项目

用于描述招标工程包括的暂列金额、暂估价、计日工以及总承包服务费等的具体内容。其中,暂列金额是招标人在工程量清单中暂定并包括在合同价款中的一笔款项,用于施工合同签订时尚未确定或者不可预见的所需材料、设备、服务的采购,施工中可能发生的工程变更,合同约定调整因素出现时的工程价款调整以及发生的索赔、现场签证确认的费用;暂估价是招标人在工程量清单中提供的用于支付必然发生的但暂时不能确定价格的材料的单价以及专业工程的金额;计日工是施工企业在施工过程中完成发包人提出的施工图以外的零星项目或工作,按合同约定必须由业主支付的费用;总承包服务费是总承包人为配合协调发包人进行工程分包以及自行采购设备和材料等工作,所提供的资源、现场管理、竣工资料汇总整理等服务所需的配合费用。[①]

4.规费项目和税金项目

根据政府规定必须计取的费用。招标工程量清单必须按《建设工程工程量清单计价规范》(以下简称《规范》)和相关专业的"工程量计算规范(如《房屋建筑与装饰工程工程量计算规范》)"的规定编制。

《规范》中关于编制分部分项工程量清单的有关规定包括:①必须按"规范"附录的规定进行具体项目的划分和相应

①邹苏华,罗杏春,周娣君,等.招标工程量清单合理定价及其合理性分析[J].公路,2012,(3):154-157.

的工程量计算。②每个清单项目必须包括项目编号、项目名称、特征描述、计量单位、工程数量等五项内容。③项目编号为12位数,其中前9位是规范编号,后3位是特征位,特征位应连续,不能重复和跳空。④项目特征应根据"规范"附录规定的内容并结合拟建工程实际进行描述,以满足确定综合单价的需要。

实际工作中,描述项目特征的原则是:①必须描述的内容。包括涉及正确计量的内容、涉及结构要求的内容、涉及材质要求的内容以及涉及安装方式的内容等。②可不描述的内容。包括对计量计价没有实质影响的内容、由投标人根据当地材料和施工要求确定的内容、由施工措施解决的内容等。③可不详细描述的内容:包括无法准确描述的内容、施工标准图注明的内容等。

《规范》中关于编制措施项目清单的有关规定:①按《规范》规定的项目名称划分措施项目分别进行清单编制,编制时如果遇到缺项则由编制人补充。②针对"总价措施项目",用"项"为计量单位进行编制。③针对"单价措施项目",则采用分部分项工程量清单格式进行编制。

(二)工程量清单计价

工程量清单计价是对招标工程量清单中不同清单项目的施工费用进行预测、计算和评估,并据此分别确定清单项目综合单价的过程。

综合单价是指完成招标工程量清单中一个规定计量单位清单项目的施工任务所需发生的人工费、材料费、机械费和应分摊的管理费、利润,计算这些费用时还必须考虑施工企业承担的风险因素。

目前国内确定综合单价的方法,主要包括"基于计价定额的单价估算法"和"基于费率的取费估算法"。其中,"基于计价定额的单价估算法"主要适用于清单项目所包含的工程内容可以用计价定额的实物工程量计量的情况,"基于费率的取费估算法"主要适用于清单项目不能用实物工程量计量且所包含的工程内容也无法用计价定额计量的情况。

1.基于计价定额的单价估算法

计算公式为:

$$综合单价 = \frac{\sum 计价定额工程量 \times 定额单价}{清单工程量}$$

式中:

计价定额工程量——按计价定额的规定计算的工程量;

定额单价——基于现行价格水平计算的计价定额单价,江苏省计价定额采用综合单价形式;

清单工程量——按"工程量计算规范"计算的清单项目的工程量。

2.基于费率的取费估算法

计算公式为:

$$综合单价 = (分部分项工程费 + 单价措施项目费) \times 取费率$$

式中:

分部分项工程费——来源于分部分项工程量清单计价表;

取费率——来源于主管部门的规定或企业内部标准。

三、投标报价

(一)投标报价的概念

投标人对承包工程提出的期望价格。

（二）《建设工程工程量清单计价规范》对编制投标报价的有关规定

1.投标价由投标人自主确定,但不能低于成本。

2.投标报价时,分部分项工程量清单是"闭口清单"

投标人对招标人提供的分部分项工程量清单不得任意调整和修改,只能按清单填报综合单价。

3.投标报价时,措施项目清单是"开口清单"

投标人可以根据施工方案对招标人提出的措施进行必要的增补。

四、工程价款调整的原则性规定

根据2013版《建设工程工程量清单计价规范》(以下简称"本规范")的规定,承包工程施工过程中,如发生下列事项(但不限于),发承包双方应当按照合同约定调整合同价款:法律法规变化;工程变更;项目特征不符;工程量清单缺项;工程量偏差;计日工;物价变化;暂估价;不可抗力;提前竣工(赶工补偿);误期赔偿;索赔;现场签证。

出现合同价款调增事项(不含工程量偏差、计日工、现场签证、索赔)后的14天内,承包人应向发包人提交合同价款调增报告并附上相关资料;承包人在14天内未提交合同价款调增报告的,应视为承包人对该事项不存在调整价款请求。

出现合同价款调减事项(不含工程量偏差、索赔)后的14天内,发包人应向承包人提交合同价款调减报告并附相关资料;发包人在14天内未提交合同价款调减报告的,应视为发包人对该事项不存在调整价款请求。

发(承)包人应在收到承(发)包人合同价款调增(减)报告

及相关资料之日起14天内对其核实,予以确认的应书面通知承(发)包人。当有疑问时,应向承(发)包人提出协商意见。发(承)包人在收到合同价款调增(减)报告之日起14天内未确认也未提出协商意见的,应视为承(发)包人提交的合同价款调增(减)报告已被发(承)包人认可。发(承)包人提出协商意见的,承(发)包人应在收到协商意见后的14天内对其核实,予以确认的应书面通知发(承)包人。承(发)包人在收到发(承)包人的协商意见后14天内既不确认也未提出不同意见的,应视为发(承)包人提出的意见已被承(发)包人认可。

发包人与承包人对合同价款调整的不同意见不能达成一致的,只要对发承包双方履约不产生实质影响,双方应继续履行合同义务,直到按合同约定的争议解决方式得到处理。

经发(承)包双方确认调整的合同价款,作为追加(减)合同价款,应与工程进度款或结算款同期支付。

(一)法律法规变化

招标工程以投标截止日前28天、非招标工程以合同签订前28天为基准日,其后因国家的法律、法规、规章和政策发生变化引起工程造价增减变化的,发(承)包双方应按照省级或行业建设主管部门或其授权的工程造价管理机构据此发布的规定调整合同价款。

因承包人原因导致工期延误的,基于上述规定的调整时间,在合同工程原定竣工时间之后,合同价款调增的不予调整,合同价款调减的予以调整。

(二)工程变更

因工程变更引起已标价工程量清单项目或其工程数量发

生变化时,应按照下列规定调整。

(1)已标价工程量清单中有适用于变更工程项目的,应采用该项目的单价,但当工程变更导致该清单项目的工程数量发生变化,且工程量偏差超过15%时,该项目单价应按照本规范有关"工程量偏差"的规定调整。

(2)已标价工程量清单中没有适用但有类似于变更工程项目的,可在合理范围内参照类似项目的单价。

(3)已标价工程量清单中没有适用也没有类似于变更工程项目的,应由承包人根据变更工程资料、计量规则和计价办法、工程造价管理机构发布的信息价格和承包人报价浮动率提出变更工程项目的单价,并应报发包人确认后调整。

承包人报价浮动率可按下列公式计算。

招标工程:

$$承包人报价浮动率 L = (1 - 中标价/招标控制价) \times 100\%$$

非招标工程:

$$承包人报价浮动率 L = (1 - 报价/施工图预算) \times 100\%$$

(4)已标价工程量清单中没有适用于变更工程项目,且工程造价管理机构发布的信息价格缺价的,由承包人根据变更工程资料、计量规则、计价办法和通过市场调查等取得有合法依据的市场价格提出变更工程项目的单价,并应报发包人确认后调整。

工程变更引起施工方案改变并使措施项目发生变化时,承包人提出调整措施项目费的,应事先将拟实施的方案提交发包人确认,并应详细说明与原方案措施项目相比的变化情况。拟实施的方案经发承包双方确认后执行,按下列规定调整措施项目费。

（1）安全文明施工费应按实际发生变化的措施项目依据本规范有关"安全文明施工费计价"的规定计算。

（2）采用单价计算的措施项目费,应按实际发生变化的措施项目,依据本规范有关"工程量清单项目或其工程数量发生变化的计价原则"的规定确定单价。

（3）按总价(或系数)计算的措施项目费,按照实际发生变化的措施项目调整,但应考虑承包人报价浮动因素,即调整金额按实际调整金额乘以本规范有关"工程量清单项目或其工程数量发生变化的计价原则"规定中的承包人报价浮动率计算。

如果承包人未事先将拟实施的方案提交给发包人确认,则应视为工程变更不引起措施项目费的调整或承包人放弃调整措施项目费的权利。

当发包人提出的工程变更因非承包人原因删减了合同中的某项原定工作或工程,致使承包人发生的费用或(和)得到的收益不能被包括在其他已支付或应支付的项目中,也未被包含在任何替代的工作或工程中时,承包人有权提出并应得到合理的费用及利润补偿。

(三)项目特征不符

发包人在招标工程量清单中对项目特征的描述,应被认为是准确和全面的,并且与实际施工要求相符合。承包人应按照发包人提供的招标工程量清单,根据项目特征描述的内容及有关要求实施合同工程,直到项目被改变为止。

承包人应按照发包人提供的设计图纸实施合同工程,若在合同履行期间出现设计图纸(包括设计变更)与招标工程量清单任意一个项目的特征描述不符,且该变化引起该项目工程造价增减变化的,应按照实际施工的项目特征,按本规范有关"工程变更"的相关条款规定重新确定相应工程量清单项目的综合单价,并调整合同价款。

(四)工程量清单缺项

合同履行期间,由于招标工程量清单中缺项,新增分部分项工程清单项目的,应按照本规范有关"工程变更"的规定确定单价,并调整合同价款。

新增分部分项工程清单项目后,引起措施项目发生变化的,应按照本规范有关"工程变更"的规定,在承包人提交的实施方案被发包人批准后调整合同价款。

由于招标工程量清单中措施项目缺项,承包人应将新增措施项目实施方案提交发包人批准后,按照本规范有关"工程变更"的规定调整合同价款。

(五)工程量偏差

合同履行期间,对于任一招标工程量清单项目,当因招标工程量清单编制错误或因工程变更等原因导致工程量偏差超过15%时,可进行调整。当工程量增加15%以上时,增加部分的工程量的综合单价应予调低;当工程量减少15%以上时,减少后剩余部分的工程量的综合单价应予调高。

当因工程量变化引起相关措施项目相应发生变化时,按系数或单一总价方式计价的,工程量增加的措施项目费调增,工程量减少的措施项目费调减。

(六)计日工

发包人通知承包人以计日工方式实施的零星工作,承包人应予执行。采用计日工计价的任何一项变更工作,在该项变更的实施过程中,承包人应按合同约定提交下列报表和有关凭证送发包人复核:①工作名称、内容和数量。②投入该工作所有人员的姓名、工种、级别和耗用工时。③投入该工作的材料名称、类别和数量。④投入该工作的施工设备型号、台数和耗用台时。⑤发包人要求提交的其他资料和凭证。

任一计日工项目持续进行时,承包人应在该项工作实施结束后的24小时内向发包人提交有计日工记录汇总的现场签证报告一式三份。发包人在收到承包人提交现场签证报告后的2天内予以确认并将其中一份返还给承包人,作为计日工计价和支付的依据。发包人逾期未确认也未提出修改意见的,应视为承包人提交的现场签证报告已被发包人认可。

任一计日工项目实施结束后,承包人应按照确认的计日工现场签证报告核实该类项目的工程数量,并应根据核实的工程数量和承包人已标价工程量清单中的计日工单价计算,提出应付价款;已标价工程量清单中没有该类计日工单价的,由发承包双方按本规范有关"工程变更"的相关条款规定商定计日工单价计算。

(七)物价变化

承包人采购材料和工程设备的,应在合同中约定主要材料、工程设备价格变化的范围或幅度;没有约定的,当材料、工程设备单价变化超过5%时,超过部分的价格风险由发包人承担。

发生合同工程工期延误的,应按照下列规定确定合同履行期的价格调整:①因非承包人原因导致工期延误的,计划进度日期后续工程的价格,应采用计划进度日期与实际进度日期两者的较高者。②因承包人原因导致工期延误的,计划进度日期后续工程的价格,应采用计划进度日期与实际进度日期两者的较低者。

(八)暂估价

发包人在招标工程量清单中给定暂估价的材料、工程设备属于依法必须招标的,应由发承包双方以招标的方式选择供应商,确定价格,并应以此为依据取代暂估价,调整合同价款。

发包人在招标工程量清单中给定暂估价的材料、工程设备不属于依法必须招标的,应由承包人按照合同约定采购,经发包人确认单价后取代暂估价,调整合同价款。

发包人在工程量清单中给定暂估价的专业工程不属于依法必须招标的,应按照本规范有关"工程变更"的相应条款规定确定专业工程价款,并应以此为依据取代专业工程暂估价,调整合同价款。

发包人在招标工程量清单中给定暂估价的专业工程,依法必须招标的,应当由发承包双方依法组织招标选择专业分包人,并接受有管辖权的建设工程招标投标管理机构的监督,还应符合下列要求:①除合同另有约定外,承包人不参加投标的专业工程发包招标,应由承包人作为招标人,但拟定的招标文件、评标工作、评标结果应报送发包人批准。与组织招标工作有关的费用应当被认为已经包括在承包人的签约合同价(投标总报价)中。②承包人参加投标的专业工程发包招标,应由发包人作为招标人,与组织招标工作有关的费用由发包人承担。同等条件下,应优先选择承包人中标。③应以专业工程发包中标价为依据取代专业工程暂估价,调整合同价款。

(九)不可抗力

因不可抗力事件导致的人员伤亡、财产损失及其费用增加，发承包双方应按下列原则分别承担并调整合同价款和工期：①合同工程本身的损害、因工程损害导致第三方人员伤亡和财产损失以及运至施工场地用于施工的材料和待安装的设备的损害，应由发包人承担。②发包人、承包人人员伤亡应由其所在单位负责，并应承担相应费用。③承包人的施工机械设备损坏及停工损失，应由承包人承担。④停工期间，承包人应发包人要求留在施工场地的必要的管理人员及保卫人员的费用应由发包人承担。⑤工程所需的清理、修复费用，应由发包人承担。

(十)提前竣工(赶工补偿)

招标人应依据相关工程的工期定额合理计算工期，压缩的工期天数不得超过定额工期的20%，超过者，应在招标文件中明示增加赶工费用；发包人要求合同工程提前竣工的，应征得承包人同意后与承包人商定采取加快工程进度的措施，并应修订合同工程进度计划；发包人应承担承包人由此增加的提前竣工(赶工补偿)费用；发承包双方应在合同中约定提前竣工每日历天应补偿额度，此项费用应作为增加合同价款列入竣工结算文件中，应与结算款一并支付。

(十一)误期赔偿

承包人未按照合同约定施工，导致实际进度迟于计划进度的，承包人应加快进度，实现合同工期；合同工程发生误期，承包人应赔偿发包人由此造成的损失，并应按照合同约定向发包人支付误期赔偿费；即使承包人支付误期赔偿费，也不能免除承包人按照合同约定应承担的任何责任和应履行的任何义务;发承包双方应在合同中约定误期赔偿费,并应明确每日历天应赔额度;误期赔偿费应列入竣工结算文件中,并应在结算款中扣除;在工程竣工之前,合同工程内的某单项(位)工程已通过了竣工验收,且该单项(位)工程接收证书中表明的竣工日期并未延误,而是合同工程的其他部分产生了工期延误时,误期赔偿费应按照已颁发工程接收证书的单项(位)工程造价占合同价款的比例幅度予以扣减。

(十二)索赔

承包人要求赔偿时,可以选择下列一项或几项方式获得赔偿:①延长工期。②要求发包人支付实际发生的额外费用。③要求发包人支付合理的预期利润。④要求发包人按合同的约定支付违约金。

发承包双方在按合同约定办理了竣工结算后,应被认为承包人已无权再提出竣工结算前所发生的任何索赔;承包人在提交的最终结清申请中,只限于提出竣工结算后的索赔,提出索赔的期限应自发承包双方最终结清时终止。

(十三)现场签证

承包人应发包人要求完成合同以外的零星项目、非承包人责任事件等工作的,发包人应及时以书面形式向承包人发出指令,并应提供所需的相关资料;承包人在收到指令后,应及时向发包人提出现场签证要求。

承包人应在收到发包人指令后的7天内向发包人提交现场签证报告,发包人应在收到现场签证报告后的48小时内对报告内容进行核实,予以确认或提出修改意见。发包人在收到承包人现场签证报告后的48小时内未确认也未提出修改意见的,应视为承包人提交的现场签证报告已被发包人认可。

现场签证的工作如已有相应的计日工单价,现场签证中应列明完成该类项目所需的人工、材料、工程设备和施工机械台班数量。如现场签证的工作没有相应的计日工单价,应在现场签证报告中列明完成该签证工作所需人工、材料设备和机械台班的数量及单价。

合同工程发生现场签证事项,未经发包人签证确认,承包人便擅自施工的,除非征得发包人书面同意,否则发生的费用应由承包人承担。

现场签证工作完成后的7天内,承包人应按照现场签证内容计算价款,报送发包人确认后,作为增加合同价款,与进度款同期支付。

在施工过程中,当发现合同工程内容与场地条件、地质水文、发包人要求等不一致时,承包人应提供所需的相关资料,并提交发包人签证认可,作为合同价款调整的依据。

五、计算竣工结算造价

竣工结算是承发包双方就承包工程造价办理的财务清算。当承包工程完工并经验收合格后,首先由施工企业根据合同造价,并结合施工过程中发生的价款调整,采用承包工程造价计价方法编制竣工结算文件,向业主提出竣工结算造价估算值;其次,业主对施工企业提交的竣工结算文件进行审核,并委托具有相应资质的造价中介机构进行审核,经审核无误,提出经审核的竣工结算造价;最后,三方签字认可,作为办理财务清算的依据。

六、计算进度款

按施工合同约定的结算期限,业主必须就结算期内完成的施工任务向施工企业支付相应的工程价款,即进度款结算。进度款的计算方法,首先由施工企业调用通过成本监测工作获得的结算期内实际完成的施工任务,一般用清单项目及相应的计价定额工程量计量,并报监理工程师审核。其次,根据合同造价并结合施工过程中发生的价款调整,采用承包工程造价计价方法计算相应的进度款,报造价工程师审核,最后由业主根据经审核无误的金额向施工企业支付进度款。

七、临时设施计价及基于收支对比要求的造价费用重构

为了计算"项目利润"和"项目利润率"指标,实现明细层面的施工项目收支对比,承包工程造价计价人员还必须进行临时设施计价,并据此对承包工程造价进行费用重构。

(一)临时设施计价

由于部分临时设施需经过现场施工才能获得,施工过程同样会发生分包工程费、实体材料费、现场施工费等成本费用,所以,为了使施工项目的收支具有明细层面的可比性,还必须调用经"计算成本工程量"获得的临时设施工程量,针对这些临时设施包括清单项目的计价定额工程量,按工程量清单计价方法计算对应于计价定额工程量的人工、材料、机械消耗量及相应的直接费明细,并通过费用汇总得到这些临时设施的直接费。

针对这些需经过现场施工才能获得的临时设施的计价工作纯粹是为了满足施工项目收支对比的需要,计价工作本身并不会影响针对承包工程计价的结果,也就是说,不会影响对

业主的工程价款结算工作,然而,基于临时设施计价,人们可以对原承包工程造价进行费用重构,为进行明细层面的施工项目收支对比创造条件。

(二)基于收支对比要求的造价费用重构

作为对应于施工项目成本的资金来源,基于收支对比要求的造价费用重构方法如下。

1.计算现场管理费

为了满足施工项目收支对比的要求,需要将承包工程造价中已计取的管理费划分为现场管理费和企业管理费两个部分,基于对管理费实际使用的统计,计价人员可以获得作为企业内部标准的现场管理费率,现场管理费计算公式为:

现场管理费 = 承包工程造价中的管理费 × 现场管理费率

相应地,企业管理费的计算公式为:

企业管理费 = 承包工程造价计价中的管理费 − 现场管理费

2.计算企业提成及对应于企业提成的造价费用

从施工项目经理部的角度看,必须上缴给企业的提成是一种支出,属于施工项目成本,计算公式为:

企业提成 = 承包工程造价 × 企业提成率

作为支出的资金来源,对应于企业提成的造价费用,计算公式为:

对应于企业提成的造价费用 = 企业管理费 + 造价计价时计取的利润

3.计算对应于分包方案的造价费用

根据分包方案规定的分包范围和分包内容,采用原承包工程造价计价方法,计算公式为:

分包造价费用 = ∑分包工程量 × 分包消耗量标准 × 价格

式中：

分包造价费用——对应于分包方案的造价费用；

分包工程量——属于分包范围内的计价定额工程量；

分包消耗量标准——计价定额中属于分包内容的人工、材料、机械消耗量标准；

价格——承包工程造价计价时采用的预算价格。

4.计算对应于非分包实体材料的造价费用

基于原承包工程造价计价包括的计价定额工程量,结合分包方案规定的分包范围和分包内容,采用原承包工程造价计价方法,按如下公式计算：

非分包实体材料费 = ∑实物工程量 × 非分包材料消耗量标准 × 价格

式中：

非分包实体材料费——对应于非分包实体材料的造价费用；

实物工程量——承包工程造价计价中包括的计价定额工程量；

非分包材料消耗量标准——计价定额中属于非分包内容的实体材料消耗量标准；

价格——承包工程造价计价时采用的材料预算价格。

5.计算对应于非分包施工资源的造价费用

基于原承包工程造价计价包括的计价定额工程量,结合分包方案规定的分包范围和分包内容,采用原承包工程造价计价方法,计算公式为：

非分包施工资源费 = ∑实物工程量 × 非分包资源消耗量标准 × 价格

式中：

非分包施工资源费——对应于非分包施工资源的造价

费用；

实物工程量——承包工程造价计价中包括的计价定额工程量；

非分包资源消耗量标准——计价定额中属于非分包内容的施工资源消耗量标准；

价格——承包工程造价计价时采用的资源预算价格。

6.预算包干费的计算

作为施工项目成本中现场包干费的资金来源,预算包干费计算公式为：

预算包干费 = 基于费率计取的费用 + 现场管理费 − 临时设施计价

式中：

预算包干费——对应于现场包干费的造价费用；

基于费率计取的费用——承包工程造价中基于取费估算法计取的费用。

第三节 施工项目成本预测

一、施工项目成本预测的概述

(一)施工项目成本预测的概念

施工项目成本预测是指通过取得的历史数据资料,采用经验总结、统计分析和数学模型等方法对成本进行推测和判断。通过施工项目成本预测,可以为建筑施工企业投标报价决策和项目管理部门编制成本计划提供数据,有利于及时发现问题,找出施工项目成本管理中的薄弱环节,采取针对性措施,降低成本。科学的成本预测能达到预测结果具有近似性,预测结论具有可修正性。

施工项目成本预测是施工项目经理部编制成本计划的基础。施工项目经理部要编制出正确、可行的工程施工成本计划,必须遵循客观经济规律,从实际出发,对工程项目的未来实施做出科学的预测。

(二)施工项目成本预测的作用

在建筑市场竞争日益激烈的情况下,施工项目成本预测是当前建筑施工企业进行成本事前控制所面临的一个重要课题,这也是建立项目成本保证体系的首要环节。通过对施工项目成本的预测,可以为施工项目经理部组织施工生产、编制成本计划等提供依据。

1.施工项目成本预测是施工项目成本计划的基础

在编制成本计划之前,要在搜集、整理和分析有关工程项目成本、市场行情和施工消耗等资料的基础上,对影响工程项目成本的物价变动、人力资源等因素,做出符合实际的预测。这样才能保证工程项目成本计划不脱离实际,切实起到控制工程项目成本的作用。因此,科学的成本预测是编制正确、可靠的成本计划的基础。

2.施工项目成本预测是施工项目成本管理的重要环节

成本动态预测是在分析项目施工过程中各种经济技术要素对成本升降影响程度的基础上,推算其成本水平变化的趋势及其规律性,并根据工程项目的进展情况,对预测结果不断做出修正。施工项目成本动态预测是预测和分析的有机结合,是事后反馈与事前控制的结合。通过成本动态预测,有利于及时发现问题,找出工程项目成本管理中的薄弱环节,通过采取措施动态地控制成本。

3.施工项目成本预测是施工项目投标决策的依据

建筑施工企业在选择投标项目过程中,经常需要根据项目是否盈利、利润大小等因素,确定是否对工程进行投标以及投标报价是多少。于是,在投标决策时,就要估计项目施工成本的情况,通过与施工图预算的比较,才能做出正确的投标决策。

(三)施工项目成本预测的程序

科学、准确的预测必须遵循一定的预测程序。施工项目成本预测程序如下。

1.制定预测计划

制定预测计划是预测工作顺利进行的开始。预测计划的内容主要包括:组织领导、工作布置、配合的部门、时间进度、搜集材料范围等。

2.搜集整理预测资料

根据预测计划,搜集预测资料是进行预测的重要条件。预测资料一般有纵向和横向两方面的数据。纵向资料是企业成本费用的历史数据,据此分析其发展趋势;横向资料是指同类工程项目、同类建筑施工企业的成本资料,据此分析所预测项目与同类项目的差异,并做出合理估计。

3.选择预测方法

成本的预测方法可以分为定性预测法和定量预测法。定性预测法是根据经验和专业知识进行判断的一种预测方法。定量预测法是利用历史成本费用资料,根据成本及其影响因素之间的数量关系,通过一定的数学模型来推测、计算未来成本的可能结果。

4.初步成本预测

根据定性预测的结果以及相关横向成本资料的定量预测,对成本进行初步估计。这一部分的结果往往比较粗糙,需要结合现在的成本水平进行修正,才能保证预测结果的准确性。

5.影响成本水平的因素预测

影响成本水平的因素主要有物价变化、劳动生产率、物料消耗指标、项目管理费开支、企业管理层次等。可根据近期内工程实施情况、本企业及分包企业情况、市场行情等,推测未来会有哪些因素对成本费用水平产生影响,其结果如何。

6.成本预测

根据初步成本预测以及对成本水平变化因素预测的结果,确定可能发生的成本水平变化。

成本预测往往与实施过程中的实际成本有出入,从而产生预测误差。预测误差的大小,反映预测准确程度的高低。

二、施工项目成本预测方法

施工项目成本预测方法一般有定性预测和定量预测两类。选择预测方法时,一般要考虑以下几个方面:①时间。不同的预测方法适用于不同的预测期限,定性预测一般多用于长期预测(通常在10年以上);定量预测则宜用于中期预测(通常为5年左右)和短期预测(通常在2年以内)。②数据。不同的预测方法有不同的数据要求,应根据数据的特点,选择相应的数据模型。③精度。选择的预测方法应能获得足够精度的预测结果,只有已证明为有效的方法,才可用于实际预测。

(一)施工项目成本定性预测法

成本的定性预测是指成本管理人员根据专业知识和实践经验,通过调查研究利用已有资料,对成本的发展趋势及可能达到的水平所做的分析和推断。由于定性预测主要依靠管理人员的素质和判断能力,因而,这种方法必须建立在对项目成本耗费的历史资料、现状等影响因素深刻了解的基础之上。

定性预测偏重于对市场行情的发展方向和施工中各种影响项目成本因素的分析,发挥专家经验和主观能动性,比较灵活,可以较快地提出预测结果。但进行定性预测时,也要尽可能地搜集数据,运用数学方法,其结果也是从数量上测算。这种方法简便易行,在资料不多、难以进行定量预测时最为适用。

在项目成本预测的过程中,经常采用的定性预测方法主要有:经验评判法、专家会议法、德尔菲法等。

(二)施工项目成本定量预测法

定量预测法也称为统计预测法,是根据已掌握的比较完备的历史统计数据,运用一定的数学方法进行科学的加工整理,借以揭示有关变量之间的规律性联系,是用于预测和推测成本未来发展变化情况的预测方法。

定量预测偏重于数量方面的分析,重视预测对象的变化程度,能做出对变化程度在数量上的准确描述;定量预测主要以历史统计数据和客观实际资料作为预测的依据,运用熟悉的方法进行处理分析,受主观因素的影响较少;定量预测可以利用现代化的计算方法来进行大量的计算工作和数据处理,求出适应工程进展的最佳数据曲线。但是此方法比较机械,不易灵活掌握,对信息资料质量的要求较高。

在此,主要介绍详细预测法。

详细预测法通常是对施工项目计划工期内影响其他成本变化的各因素进行分析,参照近期已完成施工项目或将完工施工项目(以下简称"参照工程")的成本,预测各因素对工程成本中有关成本项目的影响程度,之后用比率法进行计算,测算出工程(以下称为"对象工程")的单位成本或总成本,其步骤如下。

(1)近期同类施工项目的成本调查或计算。

(2)结构和建筑上的差异修正。由于建筑产品的单件性,每个施工项目在结构上和建筑商上都有别于其他项目,故而利用同类项目成本进行预测时必须加以修正。修正公式为:

对象工程总成本 = 参照工程单方成本 × 对象工程建筑面积 +

∑[结构或建筑上不同部分的量×

(对象工程该部分的单位成本−参照工程该部分的单位成本)]

或:

对象工程单方成本 = 参照工程单方成本 +

∑结构或建筑上不同部分的量×

(对象工程该部分的单位成本−参照工程该部分的单位成本)

÷对象工程建筑面积

式中:参照工程有而对象工程没有的部分,对象工程该部分单位成本取值为0;反之,参照工程没有而对象工程有的部分,则参照工程该部分单位成本取值为0。

为使预测的成本值与实际值更接近,需要进一步分析影响工程成本的各种因素,并确定其影响程度,对以上得到的预测值进行修正。在工程施工中,影响工程成本的主要因素可以概括为以下几个方面。

（1）建材、燃料、动力等消耗定额的增加或减少。由于采用新材料或材料代用，引起材料消耗的降低，或者采用新工艺、新技术或新设备，降低了必要的工艺性损耗，还有对象工程与参照工程材料级别不同时，消耗定额和单价之差引起的综合影响等。

（2）物价的变化。物价的变化是影响工程成本的一个重要因素，有些工程成本超支的主要原因就是物价大幅度上涨，实行固定总价合同的工程往往会因此而亏本。

（3）工资水平的变化。工资（包括奖金、附加工资等）的增长不可避免地使得工程成本增加，包括由于工期紧而增加的加班工资。

（4）劳动生产率的变化。工人素质的增强或者是采用新的工艺，提高了劳动生产率，节省了施工总工时数，从而降低了人工费用；或者可能由于工程所在地的地理气候环境的影响，或施工班组工人素质与参照工程相比较低，使劳动生产率下降，从而增加了施工总时数和人工费用。

（5）其他直接费的变化。其他直接费包括施工过程中发生的材料二次搬运费、临时设施费、生产工具用具使用费、检验试验费、工程定位复测费、工程点交费和场地清理费等。这些费用对于不同工程，其发生的实际费用是不同的。在预测成本时，要根据对象工程与基于计算的参照工程之间在其他直接费上的差别进行修正。

（6）直接费用的变化。直接费用是项目管理人员及企业各职能部门在该施工项目上所发生的全部费用。这部分费用和其他直接费一样,不同工程之间也会有不同。例如,工程规模不同,施工项目管理人员人数也不同,其管理人员的工资、奖金以及职工福利费等也有差别。

以上这些因素对于具体的工程来说,不一定都能发生,不同的工程情况也不会相同。例如,一个时期材料价格上涨,而另一个时期材料价格则会下跌。分别于这两个不通气的工程,成本因材料价格的变化就会向相反方面进行。因此,在确定影响成本因素对成本影响的程度之前,首先要分析预测影响该工程的因素有哪些。

预测影响成本的因素,主要采用定性预测方法,即召集有关专业人员,采用专家会议法,先由各位参加人员提出自己的意见,再对不同的意见进行讨论,最后确定主要的影响因素。

预测各因素的影响程度就是预测各因素的变化情况,再计算其他成本中有关项目的影响结果。

(1)预测各因素的变化情况。各因素变化情况预测方法的选择,可根据各因素的性质以及历史工程资料情况,并适应及时性的要求而决定。一般来讲,各因素使用预测方法如下:①材料消耗定额变化,适用经验估计法和时间序列分析法。②材料价格变化,适用时间序列分析法、回归分析法和专家调查法。③职工工资变化,适用时间序列分析法和专家调查法。④劳动生产率变化,适用时间序列分析法和经验估计法。⑤其他直接费变化,适用经验估计法和统计推断法。⑥直接费用变化,适用经验估计法和回归预测法。

(2)计算各因素对成本的影响程度。各因素对成本的影响程度分别用下列公式计算。

材料消耗定额变化而引起的成本变化率：

$\gamma_1 = $ 材料费占成本的百分比 × 材料消耗定额变化的百分比

材料价格变化而引起的成本变化率：

$\gamma_2 = $ 材料费占成本的百分比 ×

(1 − 材料消耗定额变化的百分比) × 材料价格变化的百分比

劳动生产率变化而引起的成本变化率：

$\gamma_3 = $ 人工费占成本的百分比 × ($\dfrac{1}{1 + 劳动生产率变化的百分比} - 1$)

劳动力工资增长引起的成本变化率：

$\gamma_4 = $ 人工费占成本的百分比 × $\dfrac{平均工资增长的百分比}{1 + 劳动生产率变化的百分比}$

其他直接成本变化而引起的成本变化率：

$\gamma_5 = $ 其他直接成本占成本的百分比 × 其他直接成本变化的百分比

间接成本变化而引起的成本变化率：

$\gamma_6 = $ 间接成本占成本的百分比 × 间接成本变化的百分比

计算预测成本：

预测成本 = 结构和建筑修正成本 × $(1 + \gamma_1 + \gamma_2 + \gamma_3 + \gamma_4 + \gamma_5 + \gamma_6)$

第四节　项目进度及资源整合

一、施工项目进度管理

(一)影响施工项目进度的因素

1.相关方的影响

对施工进度起决定性作用的是施工单位本身,但发包方,设计方,当地居民,银行,材料设备供应商,运输商,水、电供应商可能给施工的某些方面造成困难和影响。其中包括发包方不能按时提交工作面,设计单位图纸供应不及时和有错误以及有关部门对设计方案的变动;材料设备不按时供应或质量规格不符合要求;资金不能保证等。

2.施工条件的变化

施工中工程地质和水文地质条件与勘测设计报告不符合,如断层、溶洞、软弱地基以及恶劣的气候、暴雨、洪水等对施工进度产生影响,造成临时停工或破坏。

3.技术失误

施工单位采用的技术措施不当,施工中发生技术事故;应用"四新"技术却缺乏经验,不能保证质量等都会影响施工进度。

4.施工组织管理不当

施工组织不合理、施工方案不当、计划不周、劳动力和施工机械调配不当、施工平面布置不合理、解决问题不及时等均将影响施工进度计划的执行。

5.意外事件

施工中出现意外事件,如战争、内乱、拒付债务、工人罢工等政治事件;地震、洪水等严重自然灾害;重大工程事故、试验失败、标准变化;拖延工程款、通货膨胀、分包单位违约等经济事件都会影响施工进度计划。

(二)施工项目进度控制原理

1.动态控制原理

施工项目进度控制是一个不断进行的动态控制过程,也是一个循环进行的过程。当实际进度与计划进度不一致时,便产生超前或落后的偏差。分析偏差的原因,采取相应的措施,调整原来的计划,使两者在新的起点重合,继续按其进行施工,使实际工作按计划进行。施工进度计划的控制即采用这种动态循环的控制方法。

2.信息反馈原理

施工的实际进度通过信息反馈给基层从事施工项目进度控制的人员,在分工范围内,经过对其加工,再将信息逐级向上反馈,直到项目的最终控制部门,经比较分析后做出决策,调整进度计划,使其符合预定的工期目标。

3.弹性原理

工程项目施工的周期长、影响进度的因素多,其中有的已被人掌握。根据统计资料和经验,可以估计出影响进度的程度和出现的可能性,并在确定进度目标时进行实现目标的风险分析。当计划的编制者具备了这些知识和实践经验后,在编制施工项目进度计划时就会留有余地,使施工进度计划具有弹性。

(三)施工项目进度计划的编制

1.编制依据

施工合同中的施工组织设计、合同工期、分期分批开工日期和竣工日期,关于工期的延误、调整、加快等的约定均是编制施工总进度计划的依据。

2.施工总进度计划的内容

施工总进度计划的内容包括:编制说明,施工总进度计划表,分期分批工程的开工日期、完工日期及工期一览表,资源需要量及供应平衡表等。其中最为关键的是"施工总进度计划表"。"分期分批施工的开工日期、完工日期及工期一览表"

是在"施工总进度计划表"的基础上整理出来的,可以一目了然地判断其合理性。"资源需要量及供应平衡表"为支持性计划,是在确定了"施工总进度计划表"以后为保证其实现而安排的,包括劳动力、材料、机械设备等。

3.编制施工总进度计划的步骤

(1)收集计划编制依据。施工进度目标中的合同工期可从合同中得到;指令工期由企业法定代表人或项目经理确定。施工部署与主要工程施工方案可从施工项目管理实施规划中得到。

(2)确定进度控制目标。在充分研究经营策略的前提下,确定一个既能有把握实现合同工期,又可实现指令工期且比这两种工期更积极可靠(更短)的工期作为编制施工总进度计划的依据,从而确定作为进度控制目标的工期。

(3)计算工程量。施工总进度计划的工程量一般而言综合性较大。既可利用工程量清单(招标文件中的),又可利用施工图预算或报价表中的工程量,也可以由编制计划者计算。

(4)确定各工程的施工期限和开、竣工日期。由施工总进度计划编制人员酌定,但要与"施工总进度计划表"一致。

4.安排各单位工程的搭接关系

各单位工程的搭接关系以组织关系为主,主要考虑资源平衡的需要,也包括少量工艺关系,如设备安装工程与土建工程之间的关系等。在安排搭接关系时必须认真考虑这两种关系的合理性。

5.编写施工进度计划说明书

该说明书包括本施工总进度计划安排的总工期;将该总工期与合同工期和指令工期进行比较,得出工期提前率;将各单位工程的开工日期、竣工日期与合同约定进行比较及分析;高峰人数、平均人数及劳动力不均衡系数;该施工总进度计划的优点和存在的问题;执行该计划的重点和措施;有关责任的分配。

(四)施工项目进度控制措施

1.组织措施

组织措施是指落实各层次进度控制的人员、具体任务和工作责任;建立进度控制的组织系统;按施工组织的结构、进展或合同结构等进行项目分解,确定其进度目标,建立控制目标体系;确定进度控制工作制度,如检查时间、方法、协调会议时间、参加人员等;对影响进度的因素进行分析和预测。

2.技术措施

技术措施是指采取加快施工进度的技术方法。如结合工程施工的具体情况提出加快施工进度的合理化建议。如某水库的1号导流洞工程是大江截流的关键性项目,也是国内第1个当年开工、当年截流的项目,工期相当紧张。根据1号导流洞开挖所揭露的较好地质条件,监理工程师提出了减少衬砌厚度的建议并被发包人采纳,既节省了投资,又加快了工程进度,为按期实现大江截流项目创造了条件。

3.合同措施

合同措施是指对分包单位签订施工合同的合同工期与有关进度计划目标相协调。

4.经济措施

经济措施是指实现进度计划的资金保证措施。对于承包人来说,经济方法是最容易接受的方法。例如,某水库工程受洪水、地质条件因素影响,加之低价中标后承包人投入不足,员工积极性不高,施工进度一度滞后较多。发包人采取了一些经济方法,极大地调动了承包人的积极性,施工进度大大加快,收到了预期的效果。借鉴国内其他工程建设经验,发包人设立了进度目标奖,起到了加快施工进度的作用。

5.信息管理措施

信息管理措施是指不断地收集与施工实际进度有关的资料并进行整理统计与计划进度相比较,定期地向建设单位提供比较报告。①

(五)工程进度管理中存在的问题

1.制约因素多,管理不到位

工程项目在实施过程中,影响进度的因素很多,往往一个因素的影响就会产生一种"共振效应"而带动其他因素的影响。在事前没有很好地进行分析,制定应急计划,待事情发生便会手忙脚乱、不知所措。管理上不能够保证进度目标的实施,缺乏有效的监督、激励、考核机制,目标分解不够明确,在进度滞后的情况下找不到直接的负责人,各部门人员之间相互扯皮。

2.没有把握好进度、成本、质量之间的关系

工程进度与成本、质量之间是相互关联的。在实际施工过程中,承包商们并没有花费心思去思考怎样使这三者之间的关系达到一种均衡。或重质量,或抓成本,或赶进度,总之是没有把以上三者综合考虑。进度滞后了,承包商会采取赶工措施,但要花费成本,其又不想花费太多的成本,那就只能在

---

①徐双. 浅谈建筑工程施工项目进度控制[J]. 才智,2012,(1):25.

质量上下功夫了。由于质量不达标而得不到业主、监理人员、质检人员的认可又返工,接着是进度又滞后了。这样依次形成了一种恶性循环,最终的结果是进度越来越滞后,成本也越来越多。

(六)施工项目进度计划的检查

1.跟踪检查

跟踪检查的目的是收集与实际施工进度有关的数据。跟踪检查的时间和收集数据的质量直接影响到控制工作的质量和效果。

检查和收集资料的方式一般采用进度报表或定期召开进度工作汇报会。为保证汇报资料的准确性,进度控制人员要经常到现场察看施工项目的实际进度情况,从而保证能够经常地、定期地掌握施工项目的实际进度。

2.整理统计检查数据

将收集到的施工项目的实际进度数据进行必要的整理、按计划控制的工作项目进行统计,形成与计划进度具有可比性的数据。

3.对比实际进度与计划进度

将收集到的资料整理和统计成具有与计划进度可比性的数据后,用实际进度与计划进度的比较方法进行比较。通常有:横道图比较法、S型曲线比较法、列表比较法等。通过比较,得出实际进度与计划进度相一致、超前、滞后三种情况。

4.对施工项目进度检查结果的处理

对于施工项目进度检查的结果,按照检查报告制度的规定形成进度控制报告,向有关主管人员和部门汇报。

进度控制报告是把检查比较的结果、有关施工进度现状以及发展趋势提供给项目经理和各级业务职能部门负责人的最简单的书面形式报告。

(七)施工项目进度计划的调整

1.分析进度偏差的影响

通过进度比较分析,判断出现进度偏差时应当分析该偏差对后续工作和总工期的影响。经过分析,进度控制人员可以确认应该调整产生进度偏差的工作并调整偏差值的大小,以便确定应采取的调整措施,获得新的、符合实际进度情况和计划目标的新进度计划。

2.施工项目进度计划的调整方法

(1)改变某些工作之间的逻辑关系。若所检查的实际施工进度产生的偏差影响了总工期,在工作之间的逻辑关系允许改变的条件下,可以改变关键线路和超过计划工期的非关键线路上的有关工作的逻辑关系,达到缩短工期的目的。

(2)缩短某些工作的持续时间。这种方法不改变工作之间的逻辑关系,而是缩短某些工作的持续时间,能够使施工速度加快并保证计划工期实现的方法。

(3)资源供应的调整。如果资源供应发生异常,应采用资源优化方法对计划进行调整,或采取应急措施,使其对工期影响最小。

(4)增减施工内容。增减施工内容应做到不打乱原计划的逻辑关系,只对局部逻辑关系进行调整。在增减施工内容后,应重新计算时间参数,分析对原网络计划的影响。当对工期有影响时,应采取调整措施,保证计划工期不变。

（5）增减工程量。增减工程量主要是改变施工方案、施工方法，从而使工程量增加或减少。

（6）起止时间的改变。起止时间的改变应在相应工作时差范围内进行。每次调整必须重新计算时间参数，观察该项调整对整个施工计划的影响。

二、通过资源整合提升建筑施工企业核心竞争力

在当前国际化和市场化的环境下，建筑施工企业如何确保企业特有的支撑企业过去、现在和未来的竞争优势，有效地参与竞争，实现可持续发展。把整合资源提高到战略思维的高度去认识，推行资源整合战略。在对自身资源认识的基础上，对企业内部资源进行优化配备，对外界资源进行吸收、消化，实现企业资源更好地适应建筑业市场发展环境的变化，增强企业核心竞争力，这是因为目前在建筑产业内部结构趋同化的现象客观的存在着，企业组织结构形式没有多大变化，多数企业组织结构形式趋同，智力密集型和管理型企业仍然偏少，总体上仍是劳动密集型企业，企业内部组织结构趋同，技术水平趋同，使多数企业只得在同一层次展开竞争，形成行业过度竞争趋势。同时，当前建筑施工企业仍属于劳务密集、粗放式和外延式发展模式。即产出的提高依靠增加各种资源的投入来提高。在建筑施工企业内部还存在"大而全、小而全"，专业化程度不高，以占有市场份额的多少论成败的现象，为确保项目运行，对企业内部有限的资源进行分解以满足现有市场需求，进而造成建筑施工企业"大而不强、小而不专"，不能形成团队作战的能力，造成大企业很难与国外大承包商相抗衡，小企业少有专业特色的局面。因此，通过资源整合，实现建筑施

工企业内部资源的优化配置,充分利用一切可能的条件吸收、消化外部资源,通过整合重组,实现企业在一定的专业领域的竞争优势,以应对复杂多变的市场,形成企业的核心竞争力。

关于企业的核心竞争力,美国教授提出"树型理论",生动形象地揭示了什么是核心竞争力,他说"企业就好比一棵大树,核心能力就像树根,核心技术就像树干,产品就像树枝,果实和叶子才是树上的最终产品,没有根部的营养和水分,树干就会枯萎,果实和叶子荡然无存,正因为有了根部提供水分,维系水分,稳固树身,才确保了树干的体魄不断地壮大,叶子和果实才能生长和成熟丰润。"这一理论形象地说明了打造企业核心竞争力、培养和造就高素质的专业技术团队对增强企业竞争优势、保证企业基业稳固的重要性。

建筑施工企业由于其发展受国家产业政策调整等诸多因素的影响,长期以来一直被市场牵着鼻子走,在国家加快基础设施建设政策的推动下,追求高额的市场占有率,无疑是实现企业做大做强的必要手段。但因为企业内部组织架构、人才等资源不能满足日益增长的需求,这对人才等战略资源的调配和使用提出了挑战,出现了资源与企业快速扩张的不匹配现象,使一些本来是造桥专业的却又不得不去盖房子,打隧道的又去搞机械。虽然经过一个时期的历练,都能适应当下工程施工的需要,打隧道的也能造桥、能盖房子,但在其专业领域的广度和深度却大打折扣,形成了在相关领域的同质化低端竞争的格局。而一旦市场萎缩,潜在的问题就不同程度地显现出来,其专业的不可复制性就很难实现。因此,培养国内乃至国际一流的专业化的管理和作业团队,提升建筑施工企业的核心竞争力,是确保企业应对复杂多变的市场的必然选择。

资源整合能力是企业核心竞争力的直接体现,企业能够在多大的范围,多高的层次、多强的密度去组织资源,决定了企业的价值创造能力和发展边界。而企业内部能力资源和知识的积累,是企业获得超额收益和保持竞争优势的关键。企业把争取最大的市场份额作为发展目标,造成了人才等资源集中度低,应对复杂变化能力不强的现状,使得企业在单一的作业生产领域很难形成独一无二的竞争优势。一旦市场形势发生变化,其很难与国内外一流承包商相抗衡。这就需要我们通过资源整合,实现企业的战略资源、人才资源在相关领域的相对集中,打造智力密集型和管理型企业,以优质的建筑产品、优化的建筑管理、优秀的建筑人才,可开发的比较优势占领高端市场,提高企业的核心竞争能力。被称为"世界上最伟大CEO"——美国通用电气的韦尔奇,对达不到行业前三位的企业都要进行整合处理,并通过整合并购、减少成本,使其位列行业前三位,结果取得了巨大的成功。在韦尔奇担任CEO的10多年中,通用电气的各项指标都保持了两位数增长。中国铁建是在发展实践探索中组建的房地产公司,新近将要组建的以桥梁专业为主体的专业集团也是基于对这一影响企业发展的因素进行科学分析后所作出的战略选择。

人力资源整合是提升企业核心竞争力的关键途径,建筑施工企业的人力资源管理大多沿用了传统的管理模式,具体体现在人事管理、人才开发,奖惩制度等人力资源管理的职能。没有建立科学规范的绩效考核体系,有些单位即便是建立了其相应的考评的形式、方法以及量化指标也不够科学规范。

因此,我们必须站在企业发展愿景的战略高度,审视建筑施工企业人力资源发展对企业发展全局的引领作用。通过明确的、有意识的、系统的人力资源整合提高企业人力资源管理的工作绩效。通过进行有目的的相应的职位分析研究,按照精简化、规范化、标准化的原则,对企业所有职位进行优化整合,对优化整合的各个职位进行量化排序,进而对各个岗位进行优化设置。通过规范员工薪酬管理,对每个岗位的工作流程、每个岗位的任职要求、职位目标以及工作内容进行相应的量化界定,确保企业人力资源整合与组织内部全体成员人力资源管理目标、价值观、愿景等基本的一致性,形成统一的整体,使人力资源管理在能力绩效管理模式下运行,以达到充分发挥企业员工的潜能,和谐处理企业经营者与员工的关系,促成企业改革、提高企业组织效率,增强企业核心竞争力的目的。海尔集团的"在位要受控,升迁靠竞争,届满要轮岗"的人才战略对我们建筑施工企业同样具有学习和借鉴意义。

建立科学规范的建筑施工企业核心竞争力的评价体系,对评价指标进行相应的量化分析同样重要。国内有关专家把建筑建筑施工企业的市场把握、技术创新、管理能力确定为权衡企业核心竞争力的三个一级指标,划定了总资产周转率、资产负债率、速动比率、净资产收益率、市场占有率、技术投资收益率、人均技术装备率、信息技术投资率、中标率、施工质量优良率、全员劳动生产率、平均执行效率、聚合率、员工技术熟练度、社会贡献率等15个二级指标。这就为我们进一步强化建筑施工企业管理,提升企业核心竞争力,完善相关领域的体系和制度建设,细化和量化相应的考评指标提供了科学的切入点和立足点。我们必须以对企业高度负责的态度,通过细致地调研和科学地分析确定相应的评价指标,形成制度,从而达到提升建筑施工企业的综合管控能力。

　　企业核心竞争力是企业根深蒂固的、互相弥补的一系列技能和知识的组合。而企业文化是指企业在社会主义市场经济的实践中,逐步形成的为全体员工所认同、遵守,带有本企业特色的价值观念。经营准则、经营作风、企业精神、道德规范、发展目标的总和。单从概念上讲,我们就不难看出,打造具有建筑施工企业独有特色的企业文化对提升企业核心竞争力的重要性。因此,我们必须强化企业文化建设,实现企业文化与企业管理的深层植入和双向渗透,实现文化与管理的真情对接,发挥企业文化,实现对企业经营哲学和价值观念的指导作用,对企业发展目标的指引作用,对企业员工的凝聚、激励和约束作用。助推企业核心竞争力的稳步提升,使企业有效克服各种危机的冲击,保持长期健康持续发展。

第五节　工程质量控制与管理

　　建筑工程质量的控制与安全管理是一个系统的过程,是建筑业永恒的主题。牵涉工程发包、工程监理、项目管理、工程验收等多个方面,这多方面的管理法规都还有许多处于完善的阶段或试行推广的阶段,而全面提高工程的质量必须堵塞多方面的漏洞,必须进行综合治理,才能有所显效。建筑工程一般都具有周期长,露天作业、高空作业多等特点,并且在施工过程中,存在有许多不可控的影响因素,这一切都对安全生产提出了更高的要求。可以说,生产的安全性直接影响着施工生产的进度控制与质量成本控制,是建筑企业顺利完成施工任务、实现经济效益的重要保证,因此,建筑企业必须抓好施工项目的质量与安全生产管理,下面就建筑工程施工过程中的质量控制与管理的措施和方法进行探讨。

一、建筑工程施工质量控制与管理措施

建筑工程施工过程的质量监控是现场质量管理的重要环节,有效的质量监控措施能使工程质量做到防患于未然,能控制工程质量达到预期的目标,有利于促进工程质量不断提高,有利于降低工程成本。

(一)施工过程质量监控的范围及重点

在施工过程中质量监控的范围较广,从设计图纸、原材料到分部分项工程施工,每一个环节都不能被忽视,熟悉和掌握监控的范围及重点,有利于事前采取措施,使质量处于预控状态,在一般情况下质量监控的范围及重点分为以下几个方面。

1.学习及会审设计图纸是质量监控的首要环节

图纸是施工的主要依据,因此,在施工前必须认真阅读,了解设计意图,因为一个不符合设计的产品是没有什么质量可言的。然而,我们按图施工是建立在学习与会审的基础上,要把学习与会审结合起来。会审不是简单地审查图纸差错,还要考虑其是否有利于施工。在这些场合下,虽然设计是符合规范的,但由于施工较困难,为保证施工质量,需对设计进行适当的优化,以保证工程质量符合规范的要求。

2.对原材料、半成品的质量监控是质量监控的关键环节

原材料、半成品、成品的质量直接影响工程质量,因而要对它们进行监控。不仅要检查进场实物,还要检查质保书,看它的型号、规格、性能等是否符合设计要求,对钢筋、水泥、防水材料等还要根据规定做复试。对易碎、易潮、易变形、易污染的物品,在运输、堆放、安装过程等环节亦要进行监控。

3.抓分部、分项工程按规定规程施工是质量监控的主要环节

分部分项工程质量是单位工程质量的基础,因而质量监控工作应把它作为主要环节来抓。在按图施工和使用合格的原材料、成品、半成品的前提下,工作的重点应放在抓规范、规程、规定施工,在施工过程中按工序进行控制,出现问题应立即纠正,把事故苗子消灭在施工过程中。监控应贯穿于施工全过程。另外,交工前的产品保护,也是一项不容忽视的监控目标。

4.关键部位、薄弱环节是质量监控的重点

单位工程的关键部位与薄弱环节是根据工程对象和队伍素质决定的,如果框架结构中的梁、柱是关键部位,混合结构中的砌体和预制板安装是关键部位,在装饰工程中,如大面积水磨石地坪,外墙大面积贴面砖,或内墙大面积贴墙纸等都可作为关键部位。薄弱环节有两种含义:①新技术、新工艺,因是第一次施工,质量无把握,因此要重点控制。②易发生问题的部位,如轴线位移、钢筋位移、梁柱不归中、混凝土施工缝位置不正且有灰渣、砌体黏结率差、预制板轧缝以及渗、漏、沙、壳、堵等质量通病。对关键部位、薄弱环节的重点控制,只要方法对头、措施得力,往往能起到事半功倍的效果。[①]

---

①石光明,邹科华.建筑工程施工质量控制与验收[M].北京:中国环境科学出版社,2013.

（二）施工过程质量监控的方法与手段

质量监控对施工现场来说一般有事前监控、施工中监控和分项完成的监控。如对设计图纸、原材料、半成品、成品等的监控，应在有关分项施工前进行，这样能更好地实现事先控制。

对于在施工中容易产生的质量问题，则应重点加强过程中的监控，做到随时发现随时纠正，真正做到把质量问题消灭在施工过程中。有些分项工程虽然已经完成，但离整体交工尚有一段时间，在这段时间内对产品若不注意保护，则产品的质量得不到保证，因此在这种情况下还应实行监控，直到交工为止，如地面面层、油漆、裱糊等，这些属于分项完成后的监控。

质量监控的方法与手段，随着科学的发展必须会越来越完善，逐步走向系列化、科学化。然而当前我们应充分发挥传统的和现有的技术、质量管理方法，把它有机地结合起来，使工程质量处于受控状态，达到监控目的。在实践中应抓好下列几项工作。

1.技术复核

重点应放在定位、引测标高、轴线、各层标高、成品、半成品的选用等方面。

2.隐蔽工程验收

是监控的主要手段，凡属隐蔽项目，必须进行全数监控，如地基验槽、桩基、钢筋、地下混凝土、地下砖墙、防水层、平顶吊筋、保温层、暗埋、管线、电缆、下水道等。隐蔽工程验收应按有关规程进行。

3.材料试验

对钢材、水泥、防水材料，除应检查出合格证外，还须按规定抽样检验。砖可检查出厂合格证或试验报告,其他一般材料检查出厂合格证。

4.抽检

随机检查,它灵活,不受时间条件限制,容易发现问题,发现问题早,整改方便,抽检频率也不受限制,是监控的一个有力手段。

5.试水、通球试验

此项检验直接关系到使用功能,必须认真按规程操作,严格把关。

6.班组自检

班组自检是保证质量的根本,只有每个操作者在操作过程中认真自检,认真把关,质量才算有了扎实基础,因此要牢牢抓住,不应忽视。

7.设置质量管理点

质量管理点可用于多种环节,如推广新技术、质量难点、薄弱环节,要求达到高质量的分项等,在质量控制的关键部位、薄弱环节上设置质量管理点,采取事前控制,往往能收到事半功倍的效果。有时看来是个薄弱环节,但由于事前采取了措施,设置了质量管理点,问题就迎刃而解,因此,设置质量管理点是质量监控的一个有力手段。

二、加强建筑工程质量管理的对策及办法

(一)加强质量管理、评定的制约性及其力度

为适应市场经济的新情况和建筑企业新的经营体制,政府的工程质量检查、监督,应加强人员力量和检查的密度及深度。比如,可否将施工单位的材料和混凝土试块的送检改为由有关的质检单位到现场抽检,或部分进行现场抽检,也可要求所有竣工房屋进行混凝土强度的抽芯检查,以切实保证工程质量和新建房屋的使用质量。

工程质量的评定也不应该仅建立在施工单位的分部、分项自检的基础上,逐步加强对竣工关键部位分部、分项的社会化的、所有强制的抽检。

(二)实行质量成本化

在工程质量的管理中,真正实行优质优价,奖优罚劣,现在对优良工程的奖励水平太低,约按建筑面积每平方米1元,较难提高施工方对改善工程质量的积极性。按照不同质量等级的竣工建筑,可采用不同的质量保证金和不同的质量保证期,使质量成本成为施工项目的经济技术指标之一。

(三)完善招标管理的专业化和社会化

工程发包是工程质量保证体系的首要的环节,切实推行投标,杜绝"人情工程"和"关系工程"等不正常的现象,应提高招投标的透明度和社会化程度。推进招投标的专业化和规范化发展,并不断地推广如公共工程的项目法人管理制等新的建设管理制度和措施。

(四)项目管理必需的规范化

从企业的质量管理制度来说,质量的保证关键在于管理,对建筑业来说,除企业的质量管理外,更关键的在于项目的管理,因为施工管理的权限已经在很大程度上下放到了项目(经理)部,事实也证明,工程质量的问题关键在于项目管理。

1.项目管理资质的规范化

对项目经理的资质审核管理不严,对项目经理的培训上岗几乎流于形式,项目经理部有些也由承包者个人进行选择、组织,公司对承包个人缺乏有效的上下监督。

2.质量责任的项目人

项目经理在工程项目的人、财、物管理方面有相当大的权力,相对来说,其承担的责任却较小,特别是房屋使用期的质量责任。可以说,是国有公司为承包者个人提供了强大的经济、资质担保,而有些素质差的承包者,往往在赚取非法利润后,将责任留给公司。工程的质量责任及后期责任必须落实到项目经理(部)。

(五)建立更有制约力的使用期质量保证、赔偿责任制度

通过提高使用期的质量制约效力,加强质量缺陷的赔偿责任,反过来促进施工质量的提高,可采用以下几种办法。

1.延长建筑工程质量的保修期限

按照目前的《房屋建筑工程质量保修办法》,一般土建工程保修期为一年,水、电等安装工程一般为半年。作为几十年耐用的消费商品,有些材料和工程如果只有这么短的质量保证期,似乎不够长。

2.扩大质量保修的责任范围

即包括房屋质量缺陷的直接损失外,应包括住户全部或部分的间接损失,如对住户财产的损害,因加固、维修而影响房屋的使用功能,或误工、误时等造成的损失。

3.加强质量管理必须进行综合治理

影响工程质量的因素很多,关键是卡住项目管理这个环节,堵住劣质材料流入工地,所以在加强工程质量管理本身之外,必须加强各方面的配套管理,例如,在材料生产方面取缔一些水泥、钢材的小厂。

第六节 工程安全控制与管理

一、建筑工程安全管理的意义

在工程项目的建筑过程中,加强对建筑安全工程的管理具有重要意义。良好的建筑工程安全管理不仅可以有效提高施工人员的安全水平,还可以在一定程度上让工程施工效率得到提高。最为重要的是,可以使工程项目中发生安全事故的可能性大幅降低,在确保工程优质高效的建成的同时,其完善有效的建筑工程安全管理也可以增强发包方对施工企业的信赖,从而提高施工企业的知名度与企业形象,提高施工企业的市场影响力,使其在未来能够得到更加良好地发展,给企业带来更好的社会效益和经济效益。

二、安全管理与控制在建筑工程中的重要作用

不管在任何时候,都必须把安全放在第一位。建筑业相比于其他行业而言风险较高,建筑工程施工过程中施工人员的安全问题一直是人们关注的焦点。且在建筑工程施工过程中,质量与安全息息相关、互为补充,可以说安全是质量的前提,质量是安全的保证。所以施工企业在建筑工程中要做到良好的安全管理,其不仅要增强自身安全意识,对于质量问题也要予以重视。必须认识到,要想建筑工程顺利高效实施,就必须注重在建筑项目中的安全与管理工作。这也是保证成千上万户家庭生命财产安全的前提。在所有建设项目的竣工验

收中,最重要的就是最终的施工结果要满足建设项目的结构安全要求。因为如果建筑工程具有安全问题,那么其他后续事项都是空谈。所以,建筑工程的安全管理必须放在整个建筑工程施工管理的首要位置,并使各位施工人员都严格按照相应的施工流程与规章制度来参与整个工程的建设,及时对可能出现的安全问题进行事前预防,从而使事故发生概率降至最低。[①]

三、建筑工程安全管理原则

(一)预防为主,综合治理

预防为主、综合治理一直都是建筑施工过程中需要秉持的重要原则。基于此原则,建筑工程施工场所就要根据当地具体施工条件来设置相应的安全风险防范策略,以减少或消除工程中存在的不安全因素。此外,工程安全管理的对象主要是人与物,要对建筑工程中施工人员的建筑方式、方法进行严格规范,并进行更好的设备与材料管理,这样才能确保建筑工程安全管理不至于影响到工程施工水平。

(二)以人为本

建筑工程安全管理也要"以人为本",因为施工人员的人身安全得到保障有利于建筑企业的良好发展,也能加快建筑工程施工速度,所以在建筑施工的过程中施工企业应当始终秉承"以人为本"的原则,并对施工人员的安全采取一系列保障措施。与此同时,也要对每一位施工人员进行恰当的责任分工,使每一位施工人员都能感受到建筑企业对监督工作与安全管理的重视。要在施工过程中进行有效的考核,建立完

---

①胡戈,王贵宝,杨晶.建筑工程安全管理[M].北京:北京理工大学出版社,2017.

善的保障体系,确保施工企业落实好安全职责,清楚建筑工程安全管理的责任与义务。

四、工程安全管理的控制措施

(一)做好建筑工程的设计工作

建筑工程在施工前最重要的就是建筑工程的设计工作,它关系着整个建筑工程的规模与形态,也对建筑工程的安全管理与控制工作举足轻重,它是工程项目的总体规划,也直接关系到建筑施工方法和施工标准是否科学合理。因此,设计师需要对施工环境的机械设备、建筑材料、天气、人员等因素进行详细调查、综合考虑,并在整个建筑工程施工的过程中对施工人员的操作进行严格规范,以避免盲目施工与缺乏指导视而引起安全事故。

(二)加强施工巡视,建立现场紧急预案

在施工现场进行安全管理时也应当组织相应的监督管理应急小队,并使其掌握施工班组中各个成员的个性特征与联系方式,这样就可以保障在发生安全事故之后,可以在第一时间找到需要进行救助的人员。同时对施工过程中因为安全事故而耽误的时间尽量节约,最大限度地减少损失。此外,在施工现场应加强巡视,安保人员应了解动态及时巡视现场,及时发现潜在的隐患有效防止所有事故的发生,保证施工安全。

(三)树立建筑工程安全管理理念

建筑工程的安全主要包括工程设计质量的安全和施工过程的安全。施工过程复杂,安全危机涉及多方面,在建筑工程施工的过程中,一个平常不甚注意的工艺问题,就可能会给施

工人员带来重大的财产损失以及人身危险,进而对整个建筑工程的施工进度造成影响。所以,安全生产问题是建筑工程安全管理中必须时刻注重的因素之一,也是必须始终坚持并一以贯之的安全理念。

(四)落实安全责任制度

建设单位要建立完善的安全管理责任制,并对每个施工人员落实责任,更好地做好施工安全管理和控制工作。政府应大力加强宏观调控,建筑企业在建筑工程中要更好地落实安全责任制度,员工应认真学习安全知识,掌握安全技能;建设单位要建立各级人员有关的安全责任制,明确各级人员的职责,落实每个人的责任。此外,还必须定期对安全管理执行情况进行检查。项目施工前必须得到由监理单位派发的施工许可证,员工应通过企业考核取得施工资质证书,以达到上岗资格。施工单位需与建设单位签订安全协议,确保工程安全。

(五)完善安全管理体系

在对建筑工程进行安全管理之前,建筑企业则要先制定科学合理的施工计划,并按照安全管理原则进行建筑施工。建筑企业也应在制订安全计划的过程中对施工安全隐患制定相应的防范措施,从而对安全事故做到防患于未然。建筑企业也可以根据施工现场的具体情况,每年对安全施工责任制、纪律、员工行为、企业领导进行核验与检查,并定时分析和总结经验结果,发现问题并解决问题。同时,要签署安全和工作人员责任书,使生产部门和管理人员履责清楚,心中有数。

在建筑工程当中,安全始终是最需要重视的问题,安全管理与控制是整个建筑工程项目最重要的环节,也是建筑工程质量的首要保障。直接关系着广大人民群众的生命财产安全,对国民经济的健康发展以及社会的长治久安具有举足轻重的作用。因此,有必要对建设项目的安全管理和质量控制给予足够的重视。

第四章 建筑施工企业项目施工中的成本管理

第一节 施工项目成本监测

一、成本监测指标体系

作为施工项目成本控制程序的第一个环节,首先必须通过成本监测,揭示施工项目在一定时期内的实际进度、对应于实际进度的实际成本和计划成本、相应的成本差异等信息,为此,必须设计一套成本监测指标体系以帮助完成上述监测工作。

(一)成本监测工作对指标体系的要求

成本监测工作的任务是及时反映施工过程中进度、资源和成本的现状,并将这种现状与相应的计划要求对比以发现实施过程存在的差异,为此,在设计成本监测指标体系时,必须从有利于实现监测目标的角度出发,满足监测工作对监测指标体系提出的如下要求。

1.与计划指标相对应

监测工作实践中,一般采用统计指标的方式揭示施工过程进度、资源和成本的现状以及将这种现状与计划要求相比较形成的差异,为此,必须设计相应的统计指标并通过开展包括统计调查、整理和分析在内的统计工作以形成相应的指标值，设计统计指标时，为了便于和计划指标作对比分析，要求其指标的含义、统计范围和计算方法必须与相应的计划指标相对应。

2.报告的层次性

根据不同管理层对报告内容的不同要求，设计成本监测指标体系时，必须考虑监测报告的层次性，根据不同的综合程度，监测指标体系可以有明细指标和综合指标两个层次。明细指标反映控制期内的成本明细信息，作为对施工过程进行分析、评估和重新计划等基层控制工作的直接依据；综合指标反映控制期的成本综合信息，主要作用是向施工企业的高层管理者或业主代表报告施工项目的实施状况及其发展趋势。

3.正确处理控制程度和控制费用之间的关系

控制是降低项目风险的有效措施，施加越多的控制，施工项目的风险就会越低，项目陷入麻烦的可能性也就会越小。由此，人们往往很容易陶醉于控制和报告中。然而，过分的控制必然会带来控制费用的增加并引发工作上的僵化和扼杀创造力。所以，需要在决定控制程度的成本监测指标内容以及报告频率等方面做出决策，以便平衡控制费用和项目风险之间的关系。[①]

（二）成本监测指标体系的具体内容

为了系统地揭示施工项目成本在某个控制期内的现状及其现状的变动趋势，必须建立相应的成本检测指标体系，处于

---

①吕玉惠,俞启元,张尚.施工项目成本监测指标体系构建[J].财会月刊,2013,(02):55-58.

检测指标体系中的具体指标,具有不同的含义、作用以及不同的统计范围和计算方法。

1.控制期实际进度指标

控制期实际进度指标用于揭示施工过程中某个控制期内实际完成施工任务的信息,一般针对施工项目包括对计价定额项目进行统计,对计价定额的实物工程量的计量。在对施工项目实施控制时,控制期实际进度指标不仅可用于跟踪施工项目的实际完成情况,而且是计算控制期内实际分包工程费和实际计件人工费的基础。

在统计施工项目控制期实际进度指标时,通过对施工过程的现场调查,分别测量并记录其在某个控制期内实际完成施工任务的情况,并据此形成相应的统计指标值。为了全面地揭示施工项目在某个控制期内完成施工任务的实际信息,通常采用统计报表的形式汇总控制期实际进度指标并进行报告。

2.期内计划成本

期内计划成本用于揭示施工过程中某个控制期内对应于实际进度的计划成本,基于控制期内已完成的实物工程量,结合控制期内基于原成本计划的资源需求、材料耗费和相应的价格水平,期内计划成本的计算方法如下列公式:

$$期内计划成本 = 期内计划实体材料费 + 分包工程费 +$$
$$项目内施工资源费 + 现场包干费$$

$$期内计划实体材料费 = \sum 对应于实际进度的计划消耗量 \times 材料计划价格$$

$$期内计划分包工程费 =$$
$$\sum 期内实际完成实物工程量 \times 当前分包合同的分包单价$$

$$期内计划项目内施工资源费 =$$

$$\sum 对应于本期资源计划的配置强度 \times 期内配置时间 \times 计划单价$$

$$期内计划现场包干费 =$$
$$\sum 对应于本控制期的包干费计划需求强度 \times 需求时间$$

3.期内实际成本

期内实际成本用于揭示施工过程中某个控制期内对应于实际进度的实际成本,计算期内实际成本的一般原理如下列公式所示,其大小取决于控制期内施工资源和实体材料的实际耗费量以及相应的实际价格两个因素。基于控制期内针对实际进度以及实际施工耗费和实际价格的测量(包括调查、记录和汇总),能够获得实际施工耗费和实际价格等决定控制期内实际成本大小的信息。关于针对期内实际成本的实际施工耗费、实际价格的具体测量和计算方法详见本节"监测的实施"中的相关论述。

$$期内实际成本 = \sum 对应于实际进度的施工耗费 \times 实际价格$$

4.控制期内的成本差异

控制期内的成本差异指标用于揭示施工过程中某个控制期内对应于实际进度的实际成本与计划成本之间的差异。如果将指标计算过程中采用的对应于分包工程费的计价定额实物工程量、对应于实体材料费的材料消耗量、对应于项目内施工资源费的时间占用等统称为耗费量,那么,控制期内的成本差异指标的计算方法如下列公式所示,它不仅适用于成本汇总指标的计算,而且适用于成本项目以及量价明细指标的计算。

$$期内成本差异 = \sum(实际耗费量 \times 实际价格 - 计划耗费量 \times 计划价格)$$

为了综合地描述控制期内发生的耗费量差异和价格差异对控制期内的成本差异指标的影响程度,如下列两个公式的计算方法,根据"挣值"原理,还可以计算对应于控制期内的成本差异指标的耗费量差异和价格差异两个指标。

$$期内耗费量差异 = \sum(实际耗费量 \times 计划价格 - 计划耗费量 \times 计划价格)$$

$$期内价格差异 = \sum(实际耗费量 \times 实际价格 - 实际耗费量 \times 计划价格)$$

为了全面地揭示施工项目在某个控制期内对应于实际进度的期内计划成本、期内实际成本、控制期内的成本差异以及相应的耗费量差异、价格差异等信息,通常采用统计报表的形式汇总并报告。

二、监测的实施

成本监测指标用于揭示施工过程不同阶段的实际进度、成本现状以及变动趋势,监测指标体系包括具体指标的指标值,必须通过对施工过程开展现场调查、记录、汇总等统计工作才能形成,所谓监测的实施,其实就是为形成监测指标体系中具体指标的指标值,而对施工过程开展的现场统计工作。

对施工过程开展现场统计的主要步骤包括:设置统计调查表;进行统计汇总。

(一)设置统计调查表

成本监测指标体系中具体指标的指标值,均来源于对施工过程中生成的数据信息开展调查记录和整理汇总,为此,必须根据具体指标的经济意义、统计范围和计算方法,设置相应的统计调查表。

统计调查表一般由统计调查时必须调查的项目组成,所谓调查项目,是指用以说明被调查对象某方面数据特征的名称,调查工作的任务,主要包括按形成具体指标的要求设置统计调查表并据此记录被调查对象包括的不同调查项目的具体数值,以便通过对这些具体数值的整理,最终汇总成相应的统计指标。

为了形成监测指标体系所包括具体指标的指标值,必须对施工过程开展统计调查,由于监测指标体系是用于揭示施工项目进度和成本状态的,所以,相应的统计调查表也必须包括施工过程中进度和成本两方面调查内容。

1.实际进度调查表

实际进度调查表用于记录施工过程中某个控制期内计价定额的被完成信息,在对施工项目进行统计调查时,一般应事先设置调查表,并据此开展相应的调查工作。实际进度调查表包括的调查项目,主要是计价定额在一定调查期限内的实际完成情况,一般用相应的实物工程量计量。对实际进度调查表所记录的原始数据进行汇总,即得到相应的施工项目控制期实际进度指标。由于控制期实际进度统计表中的数据仅仅来源于相应实际进度调查表数据的简单汇总,所以,实际进度调查表的形式与控制期实际进度统计表相同。

2.人工考勤表

人工考勤表用于记录施工项目包括的项目内生产工人和管理人员的出勤情况,以便据此统计某个控制期内发生的对应于实际进度的实际人工需求(包括实际计时人工数量和加班人工数量等)指标。从计算上述人工需求指标的需要出发,人工考勤表所设置的调查项目必须包括生产工人或管理人员在正常工作班内的工作时间、中班或夜班内的工作时间、节假日加班工作时间、因延长工作班工作时间导致的班内加班工作时间、因病因事引起的病假和事假时间以及无故缺勤时间等。

3.施工机械和周转材料进退场记录表

施工机械和周转材料进退场记录表用于记录项目内施工机械和周转材料的进（退）场信息，以便据此计算某个控制期内实际发生的施工机械和周转材料需求量指标以及相应的单价。不同于人工需求指标的是，施工机械和周转材料需求量指标作为施工机械和周转材料在施工现场的配置强度与相应使用时间的乘积，其大小通常与施工机械和周转材料在施工过程中的实际使用情况无关。从计算施工机械和周转材料实际需求量指标的要求出发，施工机械和周转材料进退场记录表中的调查项目，除了必须包括进（退）场的具体时间以及相应的一次进（退）场数量外，考虑到不同批次的施工机械和周转材料的租赁单价有可能不尽相同，因此，为了准确计算实际发生的租赁费用，还必须在记录表中设置和每次进退场相关的租赁单价作为又一个调查项目。

4.实体材料消耗记录表

实体材料消耗记录表用于记录实体材料在施工现场的供应和库存信息，以便据此计算某个控制期内实际发生的实体材料消耗指标及其对应于实际消耗的材料价格。

虽然从理论上讲，实体材料在施工过程中的消耗，总是发生在具体施工活动的作业过程中，相应地，实体材料消耗量可以通过对施工活动中实体材料消耗信息的直接调查进行记录。但是,实际施工过程中,直接调查并记录材料在不同施工活动中的消耗信息的过程是相当复杂的,特别是当采用散装材料且这种材料被若干施工活动所共同使用时,则直接调查并记录材料消耗的可行性也成问题。

据此,实际工作中可采用"总量控制"的原则,通过记录实体材料在控制期内的供应和库存信息,按下列公式所示的方法,计算某个控制期内实际发生的材料消耗量。

$$某材料消耗量 = 期初库存量 + \sum 本期供应量 - 期末库存量$$

公式所示的方法,既适用于实体材料消耗量的计算,也适用于周转材料施工损耗量的计算。

为了满足采用公式所示的方法计算实体材料消耗量对调查数据的要求,实体材料消耗记录表必须包括实体材料的期初库存、本期供应和期末库存等调查项目,借助于实体材料消耗记录表,施工项目经理部组织其责任范围内的调查记录工作,不仅要记录控制期内实体材料的期初库存、本期供应和期末库存等信息,而且,考虑到不同批次材料的供应价格有可能不同,为了准确核算控制期内实际发生的实体材料费用,还必须同时记录对应于材料期初库存、本期供应以及期末库存的实际价格。

(二)进行统计汇总

统计汇总是将调查记录表所记录的原始数据,按成本监测指标体系中具体指标的统计范围和计算方法进行汇总计算,最终获得监测指标在某个控制期内实际值的过程。

由于在计算某个控制期内的施工项目实际进度时,只要将这个控制期内相应的调查记录数据简单相加,所以,在汇总控制期实际进度指标时并不需另外设置统计汇总表。

基于统计调查得到的原始记录,需要设置专门的统计汇总表进行统计汇总的指标,主要包括人工、施工机械和周转材料、实体材料的实际需求量(消耗量)、单价以及实际费用等三种类型的指标。

1.汇总人工需求指标、单价及其实际费用

基于控制期内人工考勤信息,施工项目在某个控制期内发生的实际人工需求指标,一般包括正常班工日、正常班内加班工日、节假日加班工日、节假日班内加班工日、病假工日、事假工日、例外非工作工日、旷工工日、计划停工工日、中班工日、中班内加班工日、中班节假日加班工日、中班节假日班内加班工日、夜班工日、夜班内加班工日、夜班节假日加班工日、夜班节假日班内加班工日等,为了与计划指标相对应,在统计某个控制期内实际发生的人工需求指标时,首先必须明确在形成这些指标时的核算口径。

(1)核算口径。如果在计算某项具指指标时采用不同的核算口径,则指标值之间就缺乏可比性。统计人工需求指标时,为了便于和计划指标相对比,必须根据编制计划指标时所采用的核算口径来汇总相应的人工需求指标的实际值。第一,统计范围是项目内生产工人和管理人员,意味着只统计施工企业直接雇佣的人员,而且只能是施工项目经理部的人员。第二,综合程度必须与计划要求相一致,由于在编制成本计划时采用的综合程度为"工种",所以,汇总控制期内实际人工需求指标时,综合程度必须与计划要求相一致。

(2)人工需求指标、单价及其实际费用的确定。确定某个控制期内实际发生的人工需求指标、单价及其实际费用的程序如下。

按"工种"汇总实际人工需求指标。将"人工考勤汇总表"中的人工考勤汇总数据按"工种"进一步汇总,得到实际人工需求汇总表。

按企业或政府的规定计算实际人工费。按企业规定的针对不同"工种"的"计时工作标准",采用下列公式所示的方法,计算各"工种"工人的实际计时工资:

$$按实际出勤工日支付的工资 = \sum 实际人工需求指标 \times 工资标准$$

再根据企业或政府规定的"补贴"和"代办(诸如各种保险费等)"标准,按下列公式两个所示的方法,计算各"工种"工人的实际补贴和由企业代办的费用:

$$按雇佣时间支付的补贴 = \sum 月补贴标准 \times 控制期月数$$

$$代办工资 = \sum 工资总额 \times 取费率$$

最后,将三种费用加以汇总,得控制期实际计时人工费用。

确定"进度计划工作日"。将控制期包括的日历天数减去计划停工天数,即得"进度计划工作日"。

计算控制期内的实际计时人工单价。按下列公式所示的方法计算。

$$实际计时人工单价 = \frac{实际计划人工费}{进度计划工作日}$$

2.汇总施工机械和周转材料需求指标、单价及其实际费用

汇总施工机械和周转材料需求指标、单价及其实际费用的

程序如下。

(1)计算施工机械和周转材料实际需求量。某个控制期内实际发生的施工机械和周转材料需求量是指在相应施工过程中施工现场实际配置施工机械和周转材料的强度与相应配置时间的乘积。根据"施工机械和周转材料进退场记录表"所记录的信息,则某个控制期内实际发生的施工机械或周转材料需求量可采用下列公式所示方法计算:

$$机械或周转材料需求量 = \sum 一次进退场数量 \times 在本期内时间$$

式中:

一次进退场数量——在整个施工期限内,每批次的进退场数量;

在本期内时间——不同批次进退场的机械或周转材料在本控制期内的使用时间。对于进场的机械或周转材料,该时间为本期内的使用时间;对于退场的机械或周转材料,该时间则为从退场至本控制期末的时间。

(2)计算施工机械和周转材料的实际费用。施工项目在某个控制期内实际发生的施工机械或周转材料的费用等于在该控制期内实际发生的机械和周转材料需求量与相应租赁单价的乘积。在明确不同批次的施工机械和周转材料进退场数量及相应时间的基础上,施工机械和周转材料的实际费用可以套用下列公式所示的方法计算。

$$机械或周转材料实际费用 = \sum (一次进退场的数量) \times (在本期内时间) \times$$

$$(对应于本批次单价)$$

(3)计算相应的租赁单价。实际租赁单价是对应于施工机械或周转材料实际需求量的单位费用。配置在施工现场的某施工机械或周转材料在某个控制期内的实际租赁单价可用下列公式的方法计算。

$$机械或周转材料租赁单价 = \frac{机械或周转材料实际费用}{机械或周转材料实际需求量}$$

（4）编制施工机械和周转材料实际需求量及租赁单价汇总表。施工机械和周转材料实际需求量及租赁单价汇总表的主要作用是据此向供应商支付控制期内所发生的租赁费用，主要用于汇总某个控制期内实际发生的施工机械和周转材料需求量及相应租赁单价的明细信息。在编制施工机械和周转材料实际需求量及租赁单价汇总表时，只要将通过统计调查和汇总分析得到的不同施工机械和周转材料的实际需求量及相应的租赁单价，按表4-1所示的形式表现出来即可。

表4-1　施工机械和周转材料实际需求量及租赁单价汇总表

施工机械和周转材料名称	供应商	单位	实际需求量	实际单价	实际费用
80TM塔吊	张三	台班	32台	200元/天	6400
……			……	……	……

注：按不同供应商排序并将实际费用汇总小计。

3.汇总实体材料消耗量指标、单价及其实际费用

根据"实体材料消耗记录表"记录的实体材料期初库存、本期供应和期末库存等信息，计算某个控制期内实际发生的实体材料消耗量及其相应单价的程序如下。

（1）根据"先供应先使用"的原则，首先确定材料期末库存量包括的供应批次。所谓"先供应先使用"的原则，是指在施

工过程中优先使用并消耗早期供应到施工现场的材料。根据该原则进行推算,则期末库存量中包括的材料应该是较后期供应到现场且未被耗用的剩余材料。

(2)计算实际材料的本期消耗量。采用材料消耗量计算公式来计算实体材料在本控制期内的实际消耗量。

(3)计算对应于实际消耗材料的单价。对应于实际消耗材料的单价作为对应于本期实体材料实际消耗量的单位费用,可以采用下列公式的方法进行计算。

$$单价 = \frac{期初库存量 \times 库存价 + \sum 本期供应量 \times 供应价 - 期末库存量 \times 库存价}{本期消耗量}$$

式中,期初库存量和相应的库存价,其实就是上个控制期的期末库存量和相应的库存价,其中,期末库存量一般由实体材料消耗记录表确定,相应的库存价可以采用下列所示的方法计算。

$$期末库存价 = \frac{\sum 不同批次材料期末库存量 \times 供应价格}{期末库存量}$$

(4)编制实体材料消耗及单价汇总表。实体材料消耗及单价汇总表的主要作用是据此向供应商支付控制期发生的实际实体材料费,主要用于汇总某个控制期内实际发生的实体材料消耗量及相应单价的明细信息。编制实体材料消耗及单价汇总表时,只要将通过统计调查和汇总分析得到的不同材料在本控制期内的消耗量及单价,按表4-2所示的形式表现出来即可。

表4-2　实体材料消耗及单价汇总表

实体材料名称	供应商	单位	实际消耗量	实际单价
水泥	李四	T	110t	301.82元
……		……	……	……

注:按不同供应商排序并将实际费用汇总小计。

第二节　评审项目的状态

作为施工项目成本控制的一个重要环节,一般可在控制期末定期召开项目状态评审会议以评审施工项目在某个控制期内所处的状态。顾名思义,项目状态评审会议是用来评审项目状态的会议,它不是解决问题的会议,也不是讨论责任的会议。会议仅仅依据成本监测指标提供的信息揭示施工项目在某个控制期内的实际进度以及成本现状指标,对施工项目在控制期内的现状及其变动趋势做出合理的评估,以便为组织和管理后续施工过程提供决策支持。根据成本监测指标体系提供的信息,经项目状态评审会议的分析和评估,可以获得包括如下内容的控制信息:施工项目是否处于受控状态;失控的原因;项目状态对后续施工产生的影响

一、评价标准

评价施工项目是否处于受控状态的客观依据是成本指标的计划值与实际值之间存在差异的程度。在编制施工项目成本计划时,已经从不同的角度设置了相应的计划指标,不同计

划指标反映施工项目成本的不同方面。这些反映施工项目成本不同方面的指标共同构成了指导施工和实施控制所需的计划指标体系。相应地,借助于监测报告系统的运行,可以提供与计划成本指标体系相对应的实际成本指标体系以及计划指标值与实际指标值之间的差异。再根据这种差异评价施工项目是否处于受控状态,建立相应的评价标准。

所谓建立评价标准,主要是确定成本指标的计划值与实际值之间允许差异的范围。借助于图4-1所示的控制图示方法,在确定评价标准的基础上,通过跟踪成本指标在施工过程中计划值与实际值之间发生差异的程度,可以评判施工项目所处的状态及其变动趋势。

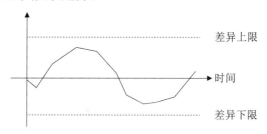

图4-1　某个成本指标的控制图

控制图示方法用横坐标表示时间,纵坐标表示某个指标的差异,位于横坐标上下位置且平行于横坐标的两根虚线表示评价标准所规定的差异允许范围。在跟踪某个成本指标在施工过程中的状态时,横坐标用以记录不同控制期末的时间,纵坐标用以记录在该控制期中所发生的差异。根据控制图所记录的差异信息,可以对该成本指标所处的状态做出评价。

(一)受控状态

当施工过程中某个成本指标在各个控制期内的计划值与

实际值之间的差异在评价标准所规定的允许范围之内,并且这种差异在连续若干次的控制期内不出现呈规律性的分布。

(二)失控状态

当施工过程中某个成本指标在各个控制期内的计划值与实际值之间的差异超出了评价标准所规定的允许范围,或者这种差异虽然没有超出允许范围但在连续若干次控制期内出现呈规律性的分布。

值得注意的是,由于施工项目的状态通常是由成本指标体系中不同指标的状态综合决定的,另外,据以评价不同指标状态的评价标准的确定也带有很强的主观性,所以,评估施工项目是否处于受控状态是一个综合评判的过程,远非上述理论所描述的那样简单和富有逻辑性。在实际工作中,只有通过召开项目状态评审会议,在集中相关人员个人经验的基础上,经综合判断才能得出正确的结论。[①]

二、失控的原因

当针对施工项目成本的全部或部分评价指标出现失控现象时,应当及时分析引起失控的原因,以便采取相应的措施促使施工过程重新回到受控状态中来。

对施工项目失去控制的原因进行分析,同样是项目状态评审会议的重要议题。为了做出准确的判断,项目状态评审会议的参与者除了应包括该施工项目经理部的成员外,还必须安排施工企业职能部门的人员、业主方代表、供应商、分包商代表以及其他相关项目支持者共同参加。

①金德智,韩美贵,杨建明.施工项目进度风险分析与评估——基于计划评审技术的方法[J].实验技术与管理,2010,27,(7):107-109.

引起施工项目失去控制的原因多种多样,但这些原因通常包括在若干类型的因素之中,从这些类型出发,项目状态评审会议的参与者通过分析判断,可以找出施工项目失去控制的具体原因。

(一)项目内容的变化

施工项目是由相关施工活动组成的集合,在编制成本计划时,已经根据施工合同规定的承包范围和质量标准,在拟定施工技术和组织方案基础上,对施工项目需要开展施工活动的具体内容进行了明确的定义。但是,施工项目自身的特点决定了施工活动在内容上的可变性。始料不及的地基条件、业主方的变更要求以及其他不可预见的影响因素,均可能导致施工项目所包括的施工任务发生变化,这种变化可能反映在施工活动数量的变化方面,也可能反映在增加或减少施工活动的种类方面,施工项目所包括施工任务的变化将直接导致施工过程中成本的失控。

(二)技术手段和组织方法的变化

作为编制施工项目成本计划的基础,在计划过程前所拟定的施工技术手段和组织方法也可能因种种不可预见的原因发生改变,这种改变将直接影响施工过程对施工资源的需求和利用,进而影响施工资源的生产率,最终导致施工项目成本发生变化。

(三)没有按计划要求配置资源

施工资源所具有的生产能力将直接影响施工项目的成本,或者说,施工项目成本计划所提出的成本目标,是以一定的资源配置为前提的,如果不能按计划要求配置施工资源,出现数量上的增减、品种上的改变等现象,均会导致施工现场所能形成的实际生产能力与计划要求之间的不一致,从而影响施工进程,导致成本指标的计划值与实际值之间的差异超出所允许的范围。

(四)实施主体的行为

实施主体包括施工项目部的生产人员、管理人员以及企业职能部门的相关人员、分包商等,从本质上讲,施工项目的实施过程就是组织上述人员开展相应施工活动的过程,在施工过程中,生产组织的合理性、员工主观上的努力程度以及施工作业过程的失误等,均会影响生产率,进而影响施工项目成本。

(五)计划本身的合理性

施工项目成本计划作为指导施工和实施控制的直接依据,如果其合理性存在问题,不论是计划安排方面的问题,还是计划目标方面的问题,均会造成无法按计划要求组织施工作业,引起成本指标的实际值与计划值相背离。

(六)环境变化的影响

针对施工项目的计划过程,通常是建立在对其环境进行预测所形成的假设条件基础上的。所谓环境,是指一系列不可控的但可能会对施工项目产生影响的客观存在,例如与施工项目相关的政策、市场、气候以及技术、经济条件等,环境的变化意味着计划过程的前提条件发生变化,当这种变化达到一定程度时,势必会对施工过程产生影响。

三、对后续施工产生的影响

不论是什么原因改变了施工项目的进程,这种进程的改变必将会对后续工程的施工过程产生影响,为了建立并维持施工项目实施过程中进度、资源和成本的动态平衡,必须采取相应的整改措施使施工项目回归受控状态,在拟定有效措施并付诸行动之前,首先要做的工作是评估失控现象对后续施工过程会产生哪些影响。

关于失控现象对后续施工过程产生影响的定量分析,必须在对后续施工过程进行重新计划后才能确定。在评审项目状态的阶段,一般只要求对这种影响做出定性的评估,施工过程中发生的失控现象对后续施工过程所产生的影响,通常包括在如下几个层次当中。

(一)不需要改变计划

可以利用原计划中的时差或通过加强管理以规范员工的行为等,来纠正施工过程中的偏差,建立施工过程中进度、资源和成本的新的平衡。在这种情况下,原计划所包括的施工活动、施工活动之间的逻辑关系、所采用的施工技术和组织方法以及所需要的资源配置等均保持不变。

(二)调整施工活动之间的逻辑关系

在资源配置不变的条件下,通过调整施工活动之间的逻辑关系,实现后续施工过程进度、资源和成本的新的平衡。虽然在计划过程中已经采用这种方法对施工计划做了优化,但是,随着施工的进展,通常会出现新的情况和新的机会,采用调整逻辑关系的策略可在不增加资源配置的前提下使施工项目处于平衡状态。

(三)增加资源

当计划变更对资源的需求已突破原先的配置数量时,则仅仅依靠施工项目内部的努力已经难以实现进度、资源和成本的平衡,此时,必须在增加资源配置和延长施工期限之间做出决定。一般情况是,为了确保在合同规定的工期内完成施工任务,只能增加施工项目的资源配置。

(四)延长工期

这是最后的选择,延长工期意味着有可能违反施工合同的约定,导致业主的索赔和信誉的受损。

第三节 项目变更控制及审查

由于受多种不确定因素的干扰,业主在施工过程中可能会提出对施工项目进行局部修改的请求,这种请求可能是工程内容方面的,也可能是工期或质量标准方面的,甚至可能是延期履约,如推迟交付其负责采购供应的材料或设备等,这种由业主的要求引起的施工项目及其实施过程的局部改变被称为工程变更。工程变更可能会对施工过程产生负面影响,甚至影响原成本计划的适用性,导致施工企业不得不通过针对后续施工过程的重新计划,实现工程变更后施工项目进度、资源和成本的新的平衡。所以,为了避免施工项目出现失控现象,承发包双方蒙受不必要的损失,必须对业主提出的变更要求进行控制。

就施工企业而言,针对业主提出的工程变更,变更控制的程序主要包括"审查变更申请"和"提出变更影响说明"两个环节,作为事前控制的重要形式,施工企业的控制流程如图4-2

所示。

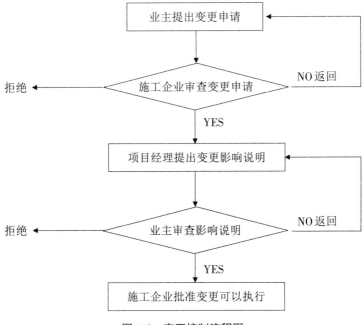

图4-2　变更控制流程图

一、变更申请

工程变更申请通常是由业主向施工企业提出的,由于对工程实施变更可能会给施工项目带来巨大的风险,所以,必须予以高度重视。为了确保施工企业能清楚地了解所需变更的内容,必须要求业主采用由施工企业提供的标准化的变更申请表。只有当施工企业清楚地理解了变更申请的内容后,才能据此进一步评估工程变更给施工项目带来的影响,并最终决定是否接受变更申请。

经审查批准的变更申请表作为施工企业据以实施工程变

更并重新确定因工程变更所引起的承发包双方权利义务关系的重要依据,必须能清楚地表达所需变更的具体内容、提出变更的理由以及承发包双方确认同意等方面的内容。[①]

二、变更影响说明

当业主提出变更申请并经施工企业批准后,项目经理必须拟定实施工程变更的备选方案,并分析不同方案可能会给后续施工过程带来的影响。如果有必要,项目经理还会向业主推荐他所认为的最佳方案。

变更影响说明是用以说明项目经理针对变更申请所拟定的不同备选方案以及不同备选方案可能给后续施工过程带来影响的文件。该文件必须详细说明针对变更申请的不同备选方案及其对施工过程产生的影响,以便业主在分析利弊的基础上做出决定。

针对某项变更申请,项目经理必须根据工程的具体情况拟定备选方案,围绕同一项变更申请可能会有很多不同的备选方案,但不同方案对施工过程产生的影响,不外乎下面几种情况。

(一)无须改变现有的资源和时间

基于拟定的备选方案,为满足业主提出的变更申请,无须改变现有的资源和时间,这是项目经理能遇到的最简单的情况,在考虑了工程变更对后续施工产生的影响后,发现无须改变现有的资源配置以及不会影响工程的工期,在这种情况下,项目经理可以决定采纳变更申请,而且不需要提出额外的资源和时间要求。

[①]孙蓓蓓. 建设项目的工程变更和造价管理的思路[J]. 中国房地产业, 2012, (1):86.

(二)无须改变现有的资源,但需要延长工期

基于拟定的备选方案,为满足业主提出的变更申请,对后续施工过程的唯一影响是需要延长工期,而不需要增加额外的资源配置来满足变更申请提出的要求。

(三)无须改变工期,但需要额外的资源配置

基于拟定的备选方案,为满足业主提出的变更申请,项目经理需要额外增加施工现场的资源配置,但施工项目能按现有进度向前推进,确保按原计划工期竣工。

(四)需要额外的资源配置并延长工期

基于拟定的备选方案,为满足业主提出的变更申请,后续施工过程既需要增加额外的资源配置,又需要延长施工期限。

(五)对施工项目产生重大影响

变更申请对施工项目的影响过大,会导致施工企业彻底放弃现有的计划,在这种情况下,项目经理要么拒绝变更申请,按原计划实施施工项目,要么停止现有计划,根据变更申请重新编制计划,启动一个全新的施工项目。

三、对变更影响说明的审查

在工程变更控制的实践中,一般由项目经理编制变更影响说明文件,并报告给施工企业以便其做出最终决策。施工企业在对变更影响说明文件进行全面评估并最终做出可以实施变更的决定后,向业主通报其接受变更申请的决定并同时提供变更影响说明文件。当变更影响说明文件被业主签字确认后,项目经理就可以将变更申请内容融入针对施工项目的后续计划中。同时,经承发包双发共同确认的变更申请和变更

影响说明文件必须被保存下来,作为向业主提出相应经济和工期补偿的依据。

第四节 后续施工的计划调整

当引起施工项目失去控制的事件已经发生,不论这种事件的起因是施工方还是业主方或者是第三方,均会导致施工过程偏离原定计划的目标,并引起施工项目进度、资源和成本之间关系的失衡,因此,项目经理必须通过对后续施工过程的重新计划来建立新的平衡。

虽然对后续施工过程进行重新计划的方法与新编计划并无二致,但是,由于被重新计划的施工项目已经实施并仍然处于实施过程中,前期施工的结果已经使施工项目的计划条件发生了变化。因此,项目经理必须根据新的计划条件对后续施工过程进行重新计划。

一、重新计划的策略

在对后续施工过程进行重新计划之前,首先必须根据对项目状态的评审结果,判断问题的严重程度,进而选择相应的策略,作为对后续施工过程进行重新计划的出发点。

(一)基于项目经理的策略

基于项目经理的策略是指将问题的解决过程局限在施工项目内部,采用这种策略所产生的影响范围最小。在对后续施工过程进行重新计划时,首先,可以考虑利用施工活动的自由时差,即在自由时差范围内调整施工活动的时间参数,包括最早开始、最迟完成和施工活动的延续时间等,这种做法不会影响到施工项目所包括的其他施工活动的计划进度,进而对已经配置在施工现场的资源的影响也最小,基本上不影响原有的资源配置和使用。其次,是利用施工活动的总时差,利用施工活动总时差调整相关施工活动的计划时间时,由于可能会影响其后续施工活动的计划时间,所以,这种做法对现有资源使用的影响较大。第三种方法是采用新编计划时所采用的优化技术,在现有资源配置不变的条件下,分别采用诸如调整施工技术和组织方法、重新定义施工活动、调整活动之间的逻辑关系等计划方法,通过逐步平衡资源需求最终获得令人满意的新计划。

(二)基于职能部门的策略

当项目经理掌握的资源无法满足重新计划的要求时,意味着项目经理在其所掌控的权限内已无法解决问题。基于施工企业组织管理层和施工项目层"二层分离"的管理体制,此时,为了通过重新计划解决问题,施工项目需要施工企业的职能经理提供协助。也许会要求职能经理提供额外的资源,或者,需要重新安排施工现场原有的资源。

(三)基于业主的策略

基于业主的策略是指当采用上述两种策略均无法满足施工合同对施工项目的目标要求时,则不得不考虑求助于业主,通过与业主协商以修改原合同目标。基于业主的策略是一种万不得已的策略,采用这种策略,有可能会导致施工企业在经济上蒙受损失,并损害施工企业的信誉。当然,作为亡羊补牢的做法,项目经理应该与业主共同研究如何修改目标,比如修改工程内容、分批交付施工成果、尽量减少延期交付时间等，只有这样，才能尽量将损失减少到最低限度。[①]

二、重新计划方法

立足于某个控制期末，根据变化了的计划条件，针对后续施工过程的重新计划，采用的计划方法一般与新编计划相同，在选择某层次计划策略的基础上，对后续施工过程进行重新计划所需开展的工作主要包括以下几点。

(一)确定新计划的开始时间

一般以某个控制期末的日历时间作为新计划的开始时间。

(二)重新进行承包工程造价计价

立足于某个控制期末的计价依据和条件，对承包工程造价重新计价，包括按工程变更内容重新计算工程量、结合出现的调价因素重新计算综合单价、重新计取措施费、重新计取规费和税金等。

(三)重新计算成本工程量

立足于某个控制期末的计划条件，首先，基于重新计价所得的拟建工程的计价定额实物工程量，通过深化设计，调整拟建工程的计价定额实物工程量。其次，重新拟定施工方案，针对需经过现场施工才能获得的临时设施，计算临时设施的计价定额实物工程量。最后，通过必要的分组和汇总，制订施工项目包括且需要完成的计价定额实物工程量表，完成对施工项目范围的重新定义。

---

①张伟立，黄廷政．论施工企业项目风险管理的影响因素与策略选择[J]．商业经济，2012，(20)：53-54+61.

（四）重新拟定分包方案

立足于某个控制期末的计划条件,针对未完成的施工任务,重新拟定分包方案,包括选择分包商、确定分包合同类型、明确分包范围和分包内容等,基于拟定的分包方案,计算由分包商承担的资源和材料的数量,并根据清单计价过程的价格信息,估算基于资源和材料预算价格的分包合同造价作为参考,以便于通过询价或协商最终确定对应于未完施工任务的分包合同造价。

（五）编制对应于未完施工任务的进度及资源计划

立足于某个控制期末的计划条件,针对未完成的施工任务,编制对应于未完施工任务的进度及资源计划。主要任务是确定计划进度、配置按计划进度施工必需的施工资源,据此编制相应的资源需求计划等。

（六）估算对应于未完施工任务的现场施工费

基于所编制的对应于未完施工任务的资源计划,估算相应的现场施工费。

（七）估算对应于未完施工任务的实体材料费

根据经成本工程量计算得到的施工项目包括的计价定额实物工程量,结合重新拟定的分包方案,计算由总承包施工企业自行承担的实体材料总消耗量,并调用控制期末实际实体材料消耗量累计数据,采用当期预测的价格水平计算期末实体材料费。

（八）编制对应于未完施工任务的施工项目成本计划和控制指标体系

包括项目总成本、控制期末计划成本、控制期内计划成本、控制期内实际成本、控制期内的成本差异、项目利润、项目利润率等指标。

三、计算控制期末的成本动态差异指标

控制期末的成本动态差异指标用于揭示施工项目经过某个控制期的施工导致的成本总水平的变动趋势。基于控制期末，根据变化了的计划条件编制的对应于未完施工任务的新计划，可以计算控制期末相对于上个控制期末的成本动态差异指标，至此，完成针对后续施工过程的重新计划工作。

第五章 建筑施工企业的成本分析和考评

第一节 施工企业成本分析的内容和作用

一、施工项目成本控制的意义和目的

施工项目的成本控制,通常是指在项目成本的形成过程中,对生产经营所消耗的人力资源、物质资源和费用开支,进行指导、监督、调节和限制,及时纠正将要发生和已经发生的偏差,把各项生产费用,控制在目标成本的范围之内,以保证预期利润的实现。

对于采用两层分离管理模式的施工企业,施工项目的成本目标为企业在中标合同预算基础上下达或内部承包合同规定的指标(标后预算)。这些成本目标一般只有一个成本降低率或降低额,难以具体细化落实。因此,项目经理部必须以成本目标为参考依据,掌握施工项目的具体情况,编制预测项目的总成本的计划,使之成为能操作的实施性文件。这种成本计划,应该以合同清单项目为基础,结合每一项技术组织措施的具体内容和数量金额,包括每一个分部分项工程的资源消耗水平,既可指导项目管理人员有效地进行成本管理,又可作为企业对项目成本检查、考核的依据。

如图5-1所示,项目实际消耗成本能否降低,项目经营有无经济效益,直接影响到施工企业的利润。因此,在工程建设中实行施工项目成本控制是企业生存和发展的基础和核心,在施工阶段搞好成本控制,达到增收节支的目的是企业能否在市场竞争中立于不败之地的重要保证。

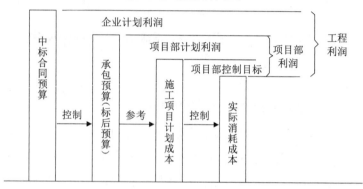

图5-1 施工企业成本关系图

二、施工项目成本分析是成本控制的重要手段

施工项目成本分析是项目管理的重要步骤和主要内容之一。施工项目的成本分析是根据统计核算、业务核算和会计核算提供的资料,将合同预算、标后预算、计划成本和实际消耗成本进行比较。一方面,了解成本的变动情况,对项目成本的形成过程和影响成本升降的因素进行分析,同时制定相应的对策,以寻求进一步降低成本的途径,减少不合理消耗,保证成本目标的实现。另一方面,通过成本分析,可从账簿、报表反映的成本现象看清成本的实质,从而增强项目成本的透明度和可控性,为加强成本控制,实现项目成本目标创造条件。由此可见,施工项目成本分析,是客观评价项目盈亏状

况,降低成本,提高项目经济效益的重要手段之一,没有成本分析,就谈不上科学的成本管理,成本控制的功能也就无法充分发挥。[1]

三、施工项目成本分析的内容

对于两层分离管理的施工企业,成本构成较为复杂,可基本划分为:公司管理费用、公司直接用于某项目的费用、项目本身的管理费用、用于施工项目的直接费用。用于施工项目的直接费用又分成:①直接用于工程实体的消耗,其中包括:材料消耗、中小型机械消耗、人工消耗。②间接用于工程实体的消耗,其中包括:大型机械的消耗和其他的消耗。

对于一个施工项目,可控的成本是项目本身的管理费用和用于工程项目的直接费用,其中工程直接成本约占施工总成本的80%左右,也就是说,施工项目能把成本控制好,那么项目的成本控制也就成功了70%以上,所以这部分的管理控制工作将成为项目部经营工作的重点,也是施工项目成本分析的重点对象。

从总体上说,施工项目成本分析的内容应该包括以下三个方面。

(一)随着项目施工的进展而进行的成本分析

包括:分部分项工程成本分析;月(季)度成本分析;年度成本分析;竣工成本分析。

(二)按成本项目进行的成本分析

包括:人工费分析;材料费分析;机械使用费分析;其他直接费分析;间接成本分析。

①李阳.建筑企业工程项目成本分析与成本管理的发展战略[J].经济研究导刊,2011,(25):117-118.

（三）针对特定问题和与成本有关事项的分析

包括：成本盈亏异常分析；工期成本分析；资金成本分析；技术组织措施节约效果分析；其他有利因素和不利因素对成本影响的分析。

第二节 施工企业成本分析的方法

一、项目成本分析的原则和方法

（一）成本分析的根本目的是找出盈亏原因，改善管理

因此，从成本分析的角度出发，在成本分析过程中，应遵循下列原则。

1.实事求是的原则

成本分析的目标是寻找盈亏，如果蓄意掩盖事实或用虚假搪塞，势必影响分析结果的准确性从而失去成本分析的意义。因此，在成本分析的过程中，应当实事求是地反映问题，并用"一分为二"的辩证方法对事物进行客观地评价。

2.定量分析的原则

定量分析与定性分析相比较，使用定量分析的成本评价更精确，更令人信服。因此，要多采用定量分析的方法，充分利用统计资料进行定量分析。

3.及时性原则

动态地反映成本盈亏状况，成本分析及时，发现问题及时，采取对策及时。

4.配比性原则

汇总成本原始数据的基准须一致,具有配比性,主要表现在分阶段完成的分项工程,如大体积混凝土浇筑,连续梁施工等的成本原始数据基准。

5.为施工生产管理服务的原则

成本分析不仅要揭露矛盾,而且要分析矛盾产生的原因,并提出能积极有效解决问题的合理化建议,指导施工现场资源使用,让其更好地服务于施工生产。[①]

(二)成本分析的动因源自"成本来源分析"

施工项目的成本分析及控制就是对成本形成的原因以及带来的影响进行分析与管理。施工项目的成本分析方法与一般问题分析的方法基本相同,应该遵循对比分析的原则,由宏观到微观、由全面到重点、由粗到细、由表及里。

1.数据对比原则

成本分析的结论是由数据对比得到的,因此,数据对比是成本分析的基本原则和方法。数据对比分析要掌握两方面的基本原则:①比较基准。财务上一般以月度为准,对施工项目的已发生成本进行统计归集。施工项目的成本分析则不仅要考虑时间基准,还要考虑施工部位基准以及发生在同一工程部位中各种成本项的基数是否一致,使成本对比的数据具有真实性和可比性。以连续梁施工为例,成本消耗主要是材料、人工和机械。在财务的成本统计周期内,发生了物资的采购、劳务费和机械使用费的结算,几者的成本基数都可能不一样。

---

①杨光,孙力,周艳.浅议施工项目成本分析[J].新技术新工艺,2013,(6):62-64.

物资部门为了施工的正常进行会采购较多的材料以备用,劳务和机械费用则按实际完成量进行结算,为了真实反映连续梁每立方混凝土或每吨钢筋的成本消耗水平,我们以统计周期内完成的产值和工程量为基准,将上述各成本项发生的成本按完成该基准数所应消耗的比例进行汇总,准确地得出完成单位产值所消耗的成本,与预计单位产值收入和计划成本进行比较分析。②比较内容。我们将施工项目管理中标预算、标后预算、计划成本、实际消耗成本四个层面的数据之间进行对比,可根据不同的分析要求制定不同的分析对比表,用以说明不同的问题。

2.成本分析中遵循由宏观到微观、由全面到重点、由粗到细、由表及里的分析方法

(1)汇总成本分析表,先从费用构成角度看整个项目预算收入与实际成本各项费用的金额差异

(2)关注亏损项,重点关注大额成本项目,逐一排查盈亏原因。大额成本科目盈亏情况包括:分包费用盈亏、钢筋费用盈亏、商品砼费用盈亏、专用材料盈亏、周转材料费用盈亏、机械费用盈亏、临设费用盈亏、合同风险盈亏等

(3)对于大额亏损进行细化分析,施工项目上一般应先做量差分析,但像钢筋这种市场采购价浮动较大的材料,宜采用量差、价差结合的分析方法。

现列举钢筋和商品砼分析实例具体步骤如下:①首先保证项目计划成本数据和实际成本消耗数据在时间和部位上的同步,比较基准的一致。②比较钢筋、商品砼的计划用量和实际用量,找出亏损原因是计划不足还是实际消耗太高。③如果

是实际消耗问题,查找计划、采购、加工、领用各环节是否有问题,如果有问题则责令相应人员整改,如果没问题可能就是计划预算太低。④若钢筋成本项目出现大额亏损是量差和价差共同造成的,如图5-2所示,可采用量—价差结合的分析方法。

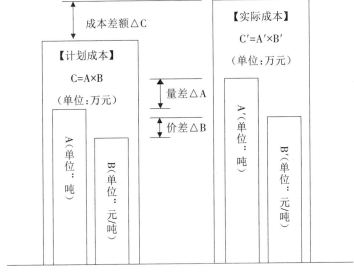

图5-2　成本差额

图中成本差额ΔC由ΔA、ΔB共同组成,所以我们在分析时先找出成本超标的主导因素。分别将量差ΔA、价差ΔB与计划数量A和原采购单价B相比,得出量差和价差的超额比例,哪一个数大就说明哪个是造成成本超支的主要因素。对主要由量差造成的成本超支分析我们可参考第3步进行,对于主要是价差造成的成本超支,由于材料价差往往由市场决定,若材料价差超过预期价差(一般合同规定为5%),即超出合同预期风险造成亏损,项目部需说明成本成因和价差造成的影响,向业主方提出材料价差补偿的要求。

二、成本分析会是成本分析的重要手段

成本分析作为成本控制系统的重要组成部分,不仅能反映项目的成本状况,发现成本管理中的问题,它还能为施工生产管理提供服务,以便于制定成本问题的解决措施,强化管理手段,落实成本控制。因此,项目部需要建立规范的严格的月度成本分析制度,并把月度成本分析作为总结成本管理业绩、改善和深化项目施工成本管理的重要工作来抓。

施工项目的成本分析活动一般由成本管理小组采用会议讨论的方式进行。笔者结合所在项目的成本分析工作,对成本分析会的组织、内容及效果列举如下。

(一)分析并汇报数据

成本分析会召开前,先由合约部门对当月项目的成本状况做初步的数据分析并提交汇报材料。汇报材料由预计总收入预计总成本表格、月度成本分析表、专项成本分析表和成本分析报告初稿组成。成本分析报告中对项目的总体盈亏情况做出说明,然后对大额盈亏项目做重点分析;成本分析表以成本核算对象为科目编制,逐项与合同预算成本、标后预算、施工计划成本进行数据对比;把超过预计成本10%的项目列入专项成本分析表进行工、料、机和其他直接费剖析对比。

(二)成本分析会要求成本管理小组成员全部参加

项目经理及各部门负责人必须在会,会议由合约副经理主持。与会人员先对下发的汇报材料进行阅读,由会议主持对项目部当月完成的产值情况、项目盈亏状况和重点盈亏项目做简要说明,然后开始逐项对成本进行分析说明,共同讨论成因。

(三)成本分析会中业务分析是一个重要内容

项目经理检查上次成本分析会问题的整改情况;合约副经理在会议中主要对出现亏损项目的材料消耗用量、分包工程单价合理性、分项工程综合单价盈亏情况等进行分析;其中主材消耗的计划成本与实际成本分析,是依据技术部门提供的材料需用计划,追踪其实际的执行状况;物资部门负责人对辅助材料、租赁周转材料及剩余成本、自有周转材料的摊销、现场及库存材料状况进行汇报;其他与成本发生项有关的部门也均需对各自业务范围内当月成本的发生情况做出汇报。通过业务分析,各成本管理部门间工作更透明,与会成员对成本成因的把握更准确。

(四)在业务分析之后,要进行问题落实并提出解决方案

各阶段汇报完后,均展开分析探讨。在进行分析说明时,由说明人指出本月存在的问题,如有可能,应针对发现的问题讨论出解决办法并指定相关执行负责人;对不能当时解决的问题由项目经理指定问题负责人,会后由问题负责人进行问题落实并提出解决方案,解决方案应于成本分析会后5天内提交项目经理确认,一经确认立即实施。

(五)成本分析会要重视问题的反馈

本月提出的问题将在下次成本分析会上进行检查,原则上由项目经理对上次会议的问题进行检查,由问题负责人进行说明。

(六)合约部门须对每次会议作好记录

依据会议通过的成本分析结果、会议内容、需要解决的问

题等,在成本分析初稿的基础上完善并形成月度成本分析报告,经合约副经理和财务负责人审核后上报项目经理。

第三节 施工企业的成本考评

一、施工项目考核评价概述

对施工项目的考核评价可鉴定项目的管理水平,确认项目管理成果,也是对项目管理的规范。

施工项目考核评价的主体应是派出项目经理的单位。这个单位可能是企业,也可能是事业部,但这并不排除由派出项目经理单位的上级企业对该单位项目管理进行统一的考核评价的可能。

考核评价的对象是项目经理部,而且要突出对项目经理的管理工作进行考核评价。小型项目只能考核评价项目经理;大型项目除对项目经理进行考核评价外,还要对项目经理部的各专业管理部门进行考核评价。施工项目考核评价不是进行单项的考核评价,而是全面的考核评价,包括经营管理理念、项目管理策划、管理基础及管理方法,"四新"的推广应用情况、社会效益、外界对项目的评价等定性的考核评价,还包括工期、质量、成本、职业健康安全、环境保护等定量的考核评价。对施工项目管理的考核评价,不能只是在项目全部结束以后才进行一次总的考核。为了加强对施工项目管理的过程控制,可实行阶段考核。考核阶段的划分,可以根据工程的规模和企业对项目管理的方式来定。使用网络计划时,尽量按网络计划关键节点进行考核评价。工期超过2年以上的大型项目,可以实行年度考核评价,但为了加强过程控制,避免考核期过长,应当在年度考核之中加入在网络计划关键节点进行的阶段考核;同样,为使项目管理的考核与企业管理按自然时间划分阶段的考核接轨,按网络计划关键节点进行的考核项目,也应当同时按自然时间划分阶段进行季度、年度考核。工程完工后,必须对施工项目管理进行全面的一次性考核,而不能以其他考核评价方式代替。

施工项目经理与承包人签订的"项目管理目标责任书"是考核评价的依据,内容应包括完成工程施工合同、经济效益、回收工程款、执行承包人的各项管理制度、各种资料归档等情况以及"项目管理目标责任书"中其他要求内容的完成情况。施工项目考核评价后必须得出项目的全面考核评价结论。[1]

二、施工项目考核评价的组织、要求和程序

(一)施工项目考核评价的组织

企业可组织"项目考核评价委员会"对施工项目进行考核评价。"项目考核评价委员会"可以是常设机构,也可以是临时组织。"项目考核评价委员会"的主任应由企业法定代表人或主管经营工作的领导担任;委员由企业机关中与项目管理有密切的业务关系并对项目管理有具体要求的业务部门选派人员组成。在新开发的地区承担的第一个工程或承担技术先进、结构新颖的工程,由于总结其经验教训对企业今后发展有

①张妍妍,唐亚男,李文. 建筑工程项目管理[M]. 西安:西安电子科技大学出版社,2016.

好处,当企业认为有必要时,可以聘请与此项目有关的企业(单位)人员参加,如聘请社团组织或大专院校的专家、学者参加。

(二)施工项目考核评价的要求

施工项目考核评价时对项目经理部和项目考核评价委员会有以下要求。

1.项目经理部应向项目考核评价委员会提供的资料

(1)"项目管理实施规划"、各种计划、方案及其完成情况。

(2)项目所发生的全部来往文件、函件、签证、记录、鉴定、证明。

(3)各项技术经济指标的完成情况及分析资料。

(4)项目管理的总结报告,其内容包括技术、质量、成本、安全、分配、物资、设备、合同履约及思想工作等各项管理的总结。

(5)使用的各种合同、管理制度、工资发放标准。

2.项目考核评价委员会应向项目经理部提供项目考核评价的资料

(1)考核评价方案与程序。

(2)考核评价指标、计分办法及有关说明。

(3)考核评价的依据。

(4)考核评价的结果。

(三)施工项目考核评价的程序

施工项目考核评价应按下列程序进行:①制定项目考核评价的办法。②编制项目考核的方案,经企业法定代表人审批后实施。③听取项目经理的汇报、查看项目经理部的有关资料,对项目管理层和劳务作业层进行调查。④考察已完工程。⑤对施工项目管理的实际运作水平进行考核评价。⑥提出施工项目考核评价报告。⑦向被考核评价的项目经理部公布评价意见。

三、施工项目考核评价指标

施工项目考核评价的指标有定性和定量两种指标。

(一)考核评价的定量指标

考核评价的定量指标一般包括下列内容：①工程质量等级。②工程成本降低率。③工期及提前工期率。④安全考核指标。

以上指标的计算应按有关统计指标计算方法由"项目考核评价委员会"选择。对比的标准应主要是"项目管理目标责任书"中所要求的指标。

(二)考核评价的定性指标

考核评价的定性指标一般包括以下内容：①执行企业各项制度的情况。②施工项目管理资料的收集、整理情况。③思想工作的方法与效果。④发包人与用户的评价。⑤在施工项目管理中应用的新技术、新材料、新设备、新工艺的情况。⑥在施工项目管理中采用的现代化管理方法和手段。⑦对环境保护的情况。

定性指标反映了项目管理的全面水平，虽无指标是定量的，但应该比定量指标占有更大的比重，而且必须有可靠的根据，有合理可行的办法并形成分数值，用数据说话。

第六章 建筑施工企业成本管理 存在的问题及对策

第一节 施工企业成本管理的现状及问题

一、管理理念落后,企业内外各种关系尚未理顺

(一)职能部门的专业管理与全员成本管理的关系未理顺

具体表现为全员成本责任不明,各部门、项目部、工区及职工不了解自身成本方面的工作目标及任务,甚至认为成本管理是财务部门的专属工作;负责组织、指导成本管理工作的专职财会部门和人员大多不懂施工生产特点,无法组织、指挥与协调成本管理各方面的工作;企业内部各部门之间缺乏配合,形成管理环节上的严重脱节,往往是搞技术的只负责技术和质量,搞工程的只负责施工生产和进度,搞材料的只负责材料的采购及进场点验,搞财会的仅满足于坐在办公室里事后"记账、算账、报账"。

(二)工程成本管理与企业成本管理的关系未理顺

大部分企业把成本管理的重点仅放在施工阶段的工、机、料的单一控制上,忽视企业一级的管理费用预算与控制;忽视工程投标阶段成本预测及施工生产准备期间的成本控制;忽视工程竣工期间及竣工后的成本控制。

二、成本预测、计划模式陈旧,徒有虚名

(一)成本预测难以到位

施工企业施工生产中各工序的持续时间以及可能发生的成本都不确定,其成本控制较其他行业更复杂,因此,必须应用现代计算机模拟技术进行成本的预测和优化,多次反复模拟确定成本目标,以实现成本控制的有效性和科学性。但目前有的企业即使进行成本预测,也大多采用传统的解析方法,很难做到动态地、事前地预测成本发生情况并采取适当的措施。

(二)成本计划缺乏编制基础

施工企业的成本计划尤其是各工程项目的成本计划,应以施工组织设计为基础,并由财会及工程技术人员共同编制。但目前的实际是技术人员不参与成本计划的编制,编制的施工组织设计只考虑技术上的可行性,不考虑经济上的合理性,保证了优质快速但保证不了低耗高效;财会人员普遍不懂施工生产的特点,无法配合技术人员完善施工组织设计,编制的成本计划因脱离实际而无法执行,起不到控制成本费用的作用。

(三)成本计划的实时跟踪与调整不到位

施工企业应随时将完成的工作与计划完成的工作进行比较,从成本的角度确定工作进度是否符合计划的要求,计算各项成本值,如计划完成工作的预算成本,实际完成工作的预算成本,实际完成工作的实际成本等,从而及时发现偏差,采取措施。由于我国施工企业管理手段和方法落后,大部分项目仍处于粗放管理状态,多凭经验和概略的定性估

计来处理问题。更谈不上利用计算机模拟技术,随时预测后续工程的最可能工期(进度)和计划成本,及时调整后续计划。[①]

三、成本控制观念滞后,技术与经济难以有机结合

(一)将成本与工期、质量的控制孤立起来,技术与经济相分离

具体表现为技术人员普遍缺乏经济观念,管理人员不懂施工生产的特点,所谓的成本控制,基本上靠各自的经验进行,尚未建立起科学的成本控制体系。

(二)以"事后"被动控制为主

多年来,施工企业将成本控制仅仅理解为各项目标值与实际值之间的比较,当实际偏离目标时,分析产生差异的原因,确定下一步对策。这种方法能发现偏差,但不能有效地预防和避免可能发生的偏差,即无法做到"事前"控制。

(三)成本控制的职责主要集中在财务部和项目部

未能充分发挥技术部门、安全部门、经营部门、人事部门在成本控制中的作用。

(四)目前成本控制只涉及从项目开工到竣工这一段时间范围

对企业承接工程项目之前投入的经营开拓费用、项目评估咨询费用、开工前投入的准备费用以及工程竣工后一段时间内所发生的维护和质量保修费用控制不力,忽视企业一级管理费用的控制。据有关调查资料显示,管理费用预算的比率排在各行业的最后,各行业对其控制极不严格。对于弹性比

---

①刘春苗,詹冬.建筑施工企业成本管理现状及问题浅议[J].东方企业文化,2015,(6):39-40.

例较大的办公、差旅、招待、车辆等费用尚未建立完善的管理制度,超支、浪费现象极为普遍、严重。

四、成本核算就事论事,成本信息的揭示范围较窄、质量不高

我国大多数施工企业尚未建立完善的成本核算体系,成本核算目的性不强,不系统,成本核算就事论事,使成本预测和计划失去了数据基础,对成本管理的指导作用不大。主要表现在:一是随意扩大成本开支范围,乱挤乱摊费用,不能及时准确掌握工程进度导致工程结算收入与成本不相配比,随意变更成本核算期限,不能合理划分完工工程和未完工程成本等导致成本信息失真现象严重。二是没有将成本核算与成本预算有机地结合起来,缺乏实际成本与预算成本、计划成本的比较。三是没有揭示栋号以及班组成本的分类信息。四是缺乏专项成本(如质量成本、工期成本及责任成本等)的核算,加上奖励机制不健全,造成上至项目负责人,下到普通职工对成本并不关心,不少人根本不知道自己所负责工作的计划成本、预算成本和实际成本情况,只要进度跟得上,总体感觉就是良好的。成本核算还停留在"事后核算",远没达到帮助企业经营管理者改善经营管理、适时控制成本费用、提高经济效益的目的。

五、成本分析与考核内容偏窄、方法单一

我国施工企业由于成本核算跟不上,成本分析仍停留在工、料、机、费等成本项目上,内容偏窄,方法单一,手段落后。具体而言,缺乏阶段成本分析,分部分项成本分析,实际成本与预算成本、计划成本的对比分析,更谈不上对质量成本、工期成

本、责任成本等专项成本的分析;边际成本、相关成本、机会成本、差别成本等概念,盈亏临界点,回归分析法等现代科学分析方法还很少运用于施工项目的成本分析实践中;尚未充分利用计算机辅助管理手段将成本分析贯穿于施工过程。因此,即使发现有超预算情况也不能及时分析原因,纠正偏差,致使小差异越积越大,最终导致工程竣工时成本严重超支。成本分析环节薄弱导致整个成本管理工作的盲目性和随意性较普遍。

六、成本管理手段滞后、制度与机制尚未跟进

(一)尚未充分利用计算机等现代化的管理工具

近年来,我国施工行业虽有不少企业使用了计算机,并开发了一些软件,但在成本控制与管理中还没有发挥其巨大的潜力与作用。

(二)尚未建立起完善、高效的成本信息系统

目前,我国施工企业尚未充分利用以计算机技术为中心的信息管理手段,建立起完善、高效的成本信息系统,因此,成本核算工作难以高效地实施,成本核算成果难以系统储存,成本管理各环节还难以进行系统的管理与控制。

(三)内部规章制度尚待完善

许多施工企业成本管理办法不完善,对于做多做少、做好做坏,如何考核、评价、奖惩均没有相应的制度,对成本管理起不到实质性的控制作用。

第二节 施工企业成本管理的对策

一、研究市场、适应市场

随着我国社会主义市场经济的进一步繁荣和发展,建筑市场必将呈现多元化、国际化的发展趋势,建筑业发展对GDP的带动作用将越来越明显。由于我国还处在社会主义的初级阶段,建筑市场的发展、完善还有一个相当长的过程。国家从宏观上对建筑市场发展的每个环节的把控日益增强,使建筑市场的外部环境得到了逐渐的改善,建筑市场的发展必将越来越规范。建筑企业的竞争也将越来越有序而健康,建筑企业之间那种大幅优惠、放弃利润、恶意竞争的做法,在建筑企业内部已被大家抛弃。建筑企业对市场的认识已进入了一个崭新的阶段,企业的发展必须依靠企业的综合实力,依靠企业的诚信和质量取胜,依靠企业树立名牌战略,提高管理水平取胜。建筑企业都在试图通过积极的市场调研,分析、总结新形势下的建筑市场发展规律,从而迅速适应市场。以积极的策略来开拓市场、以科学的态度来营运市场、以优良的品质来占领市场,从而最大限度地获取经济效益和社会效益。

二、加强对清单报价的研究,加快制定企业消耗定额

为了与国际惯例接轨,国家出台了一系列的政策,积极推行工程量清单计价。由于工程量清单计价正处在学习和探索阶段,施工企业针对不同地区、不同工程类别的项目,对清单

报价心里没底,需承受一定的心理压力和经济风险,这是正常的。由于种种原因,在清单计价过程中,出现这样或那样的失误是可以理解的。但为了企业的生存和发展,建筑企业必须尽快适应这种形式的转变,组织相关专业技术人员参加清单计价小组,对企业报价中心做出的投标报价,必须进行认真的分析、科学的对比、客观的评审,做到知己知彼,百战不殆。对报价失败的案例,要进行详细的解剖,分析失利的原因,不断完善工程量清单计价制度。①

同时,在广泛调查劳务分包、材料供应、周转材料租赁、机械设备租赁的市场行情后,组织工程技术人员、管理人员编制企业内部劳务分包、材料供应、机具租赁单价动态管理指标体系。在市场价的基础上,结合企业自身管理水平,尽快制定企业消耗定额,作为企业工程置清单报价的依据,从而提高清单计价的科学性和可操作性。同时,也为施工项目的生产管理和成本核算管理提供依据。

三、创新观念、创新机制

在落实科学发展观,转变经济增长方式和发展方式的过程成本中,施工企业必须不断创新。一方面要创新观念,用新的经营理念来管理建筑施工企业,使建筑施工企业不断发展、不断壮大。另一方面要进行机制创新,通过改革企业的用人机制和分配制度,建立科学有效的激励机制,为人力资源的发展提供广阔的平台。充分调动每个项目参与者的积极性和创造力,在实现企业规模快速扩张和经济效益同步增长的同时,实现

①李树寅,冯秀彩,周科宏.建筑工程施工企业成本管理与对策分析[J].中国科技信息,2012,(11):186.

人才的自我发展、自我完善。同时深化企业改革,促进企业体制的转变,力争通过体制改革,消除机制上的弊端,使企业发展充满活力。

四、加强项目管理,强化基础工作

要加强对企业成本管理的科技投入,推动企业成本管理现代化、网络化、信息化的步伐。依靠现代的科学技术,提高企业成本管理水平。加强对人员的继续再教育和专业培训,全面提高劳动力资源的整体素质。建立和完善各项管理制度,加强沟通和协调。建立项目成本管理风险预警机制,化解各种风险,减少各种风险给企业带来的经济效益的流失。加强企业内控制度的完善和落实,切实通过强化基础管理,加强监督和控制,使企业的成本管理能按程序、有计划、可监控的运行。

总而言之,虽然建筑施工企业在生存和发展的过程中,遭遇到了前所未有的竞争和挑战,由于企业的实际情况与市场发展现状出现了脱节,使企业的成本管理处于一种两难的尴尬境地,但是无论如何,市场竞争必将继续存在,而且会越来越激烈,清单计价必将全面推行而且风险会越来越大。因此,只要我们以科学务实的态度,正视这一个客观存在,不断地研究市场和清单计价的规律,尽快规范企业消耗定额,并加强企业成本管理的基础工作,那我们就一定能够解决这一矛盾,促进建筑施工企业成本管理工作的健康发展,为企业赢得更大的经济效益和社会效益。

第七章 建筑施工企业环境成本管理

第一节 施工企业环境成本的概念和组成

由于政府环境管制、市场竞争机制的改善和社会环境意识的提高都需要通过企业的环境行为来得以实现,自然环境问题已成为企业投资决策、产品开发、资本运作等过程中需要考虑的重要因素。通常所说的"绿色"指的是与自然环境相关的特征;企业通过充分分析其行业涉足的环境特征,控制其环境成本以改善其环境绩效的过程被称之为"组织绿化"。既然"组织绿化"是企业经济行为的一部分,企业值不值得绿化,与"企业什么情况下应进行绿化"已没有质疑的必要,目前,企业应分析的是环境问题为企业本身带来什么影响以及为了使环境绩效与经济效益相得益彰,企业应如何进行环境成本的控制,以实现企业预期目标。

一、企业环境成本含义和范畴界定

(一)环境成本含义

宏观上理解,环境成本是社会经济发展过程中为追求社会经济效益,对资源过度消耗及环境过度消费而形成的代价。以传统会计对成本的界定为基础来诠释环境成本的含义,环境成本首先应体现为:为获取某一项收益而对环境资源量上的消耗和质上的损耗。而基于绿色思维的环境成本,除了传统环境成本界定的范畴之外,还应包括经济行为前瞻分析成本:生态型经济活动设计成本。

(二)环境成本的范畴界定

1.来自政府组织的研究

美国国家环保局在 1995 年发表的《作为经营管理工具的环境会计指南:关键词和术语》中对环境成本的范畴进行界定:一个组织主体界定环境成本取决于如何使用相关信息做出决策,如资本运营、产品或过程设计、成本分配或其他管理决策等,将环境成本分为环境保全成本、环境保全预防成本、残余物发生成本和不含环境费用的产品成本。我国新会计准则体系没有专门制定关于环境会计、环境成本的具体准则,但在相关的操作细则中涉及环境影响因素的会计确认,如《企业会计准则第 5 号—生物资产》中关于生物资产确认与计量的相关规定,《企业会计准则第 4 号—固定资产》中关于预计弃置费用资本化的相关规定,《企业会计准则第 13 号——或有事项》中关于环境污染整治等或有事项的相关规定,均可认为是政府关于环境成本范畴界定的相关规定。

2.来自国内外学者的研究

国外的学者以日本国部克彦为代表,在其 1998 年的研究成果中对环境成本按照一定的原则进行了划分:按成本负担主体的不同作为划分基准,把环境成本划分为:企业负担的内部环境成本和因企业经营活动造成的外部不经济而由社会负担的外部环境成本。而环境成本的划分边界则取决于外部成本的内在化程度,随着企业环境管理绩效对企业战略目标实现的影响强化,企业会自主选择进行社会环境成本内部化革新,这将扩大企业环境成本的范围。

国内学者的研究更多侧重于环境成本在经济活动过程中的会计确认,比较有代表性的是王晓燕提出环境成本的界定,应以传统会计对成本的界定为基础,环境成本是企业因预防和治理环境污染而发生的各种费用支出以及由此而承担的各种损失。

就我国现阶段的实际情况来看,应以整个社会的环境保护为出发点,以绿色思维来界定企业环境成本的范畴。只要是与企业经济活动相关的影响环境的因素都应纳入环境成本的范畴,具体包括企业社会生产过程和资源再生过程中耗用的自然资源,造成自然资源价值减弱和对自然资源进行重造、恢复、维护等活动中所支付的各种耗费以及企业在生产、产品销售中转嫁给消费者的大量废弃物排放到环境中造成自然环境污染而发生的一切环境污染成本。

二、环境成本的构成

(一)废弃物环境成本

企业生产过程中转化为废物的原材料、人工等的耗费以及商品消费的残留废弃物是环境成本主要构成内容。

(二)后续环境成本

经济活动污染环境的可能性和程度不但具有不确定性,还比较滞后,因而在会计确认上,大部分国家都要求将未来可能发生的或有环境负债和费用在当期给予考虑;对于未来可能的环境政策的变化、排污费标准的变化等不确定性也在环境成本中体现。

(三)间接环境成本

除了政府环境规制下形成的末端污染治理等一系列直接环境费用之外，企业还会发生诸如环境报告费用、环境监测和实验费用、研究和模型费用、环境管理人员的计划和培训费用等跟环境相关的延伸费用，这些都会以间接环境管理费用计入环境成本。

(四)产品全生命周期的环境成本

环境成本的分类不仅包括产品生产过程中产生的环境污染治理成本，还包括生产运营前发生的前置成本以及生产运营后发生的后置成本；也可以概括为预防性环境成本、评估性环境成本、失败性环境成本。

(五)环境风险成本

环境风险是指由于组织的经营活动所导致的排出物、排放物、废弃物以及资源枯竭等对生物体和环境造成不利影响的实际或潜在威胁。

(六)环境外部社会成本

环境外部社会成本包括环境恢复成本和环境补偿成本。这部分的环境成本事实上已经造成了环境影响，由于各种原因而未通过政府环境规制由企业承担的不良环境后果，属于企业应支付而未支付的外部环境成本。[①]

---

① 张咏梅，杜京芳. 我国企业环境成本研究述评[J]. 南京审计学院学报，2013, 10, (6):81-86.

三、基于绿色思维的环境成本构成

绿色意味着和谐,也就是社会的一切经济活动要以不影响自然环境为前提,影响了就要补偿和付出,以维持其生态平衡。因此,基于绿色思维的环境成本可以具体划分为:由于经济活动导致环境恶化而发生的治理投入和补偿费用;因违反环境规制而形成的赔偿费用;因组织绿化过程的投资失败和无效率而导致的资金流失成本。

相对于微观主体——企业来说,企业通过充分分析其行业涉足的环境特征,以绿色思维设计营运资本的运作过程,分阶段进行环境成本的划分和控制。企业环境成本按照发生的不同阶段进行划分,可以分为:产品设计阶段的事前环境成本、产品生产过程的事中环境成本以及产品产出之后对环境资源进行恢复和再生所发生的事后环境成本。

这种思维方式主要强调的是环境因素对企业在持续经营前提下企业目标实现的综合影响,对环境成本的管理必须以战略的眼光进行思考。控制环境成本不能仅仅为了实现当期的企业目标,而必须作为持续经营活动的一部分,通过实现企业环境管理绩效来持续完成企业追求利润最大化的经济目标。

第二节 施工企业环境成本管理的必要性

一、企业进行环境成本控制的必要性

（一）可持续发展的要求

随着环境保护政策、法规、标准的不断出台和严格执行，企业将逐步向"环境经营导向"过渡，其环境行为越来越受到约束。企业不仅要考虑经济的增长速度和效益，更要关注经济发展的代价。

（二）从企业的社会责任来看，环境成本控制相当重要

粗放型的生产模式，不仅形成了资源开发利用的无序化，对我国的水资源、矿产资源、土地资源等造成大量浪费，随着社会公众对环境的日益关注，政府对企业环境管理的要求日趋严格，企业对自身的环境行为负责已是大势所趋。

（三）从企业自身的盈利目标来看

企业应该承担环境责任，目前消费者对绿色食品日益青睐，有些国家已经禁止无环境标志的食物进入市场。资金市场开始注重企业的环境形象和环境业绩，许多国际金融组织、一些发达国家对外援助和政府贷款对受援国的环境要求做出了明确规定，中国人民银行也规定各级银行发行贷款时必须配合环境保护部门把好关，对环境保护部未批准的项目一律不予贷款。

(四)从企业面临的风险来看

环境问题将使得企业成本增加,环境风险增大。国家对环保责任的范围不断扩大,对企业的环境责任追究已不仅仅停留在企业生产经营环节的废弃物排放,而且扩大到产品使用过程的环境污染和使用后回收利用等方面,这必将增加企业的成本。[①]

二、我国相关法规与环境成本控制的关系

我国一直以来都很重视环境保护工作,颁布了一系列的法律法规对环境行为进行约束。环境保护相关的法律法规的严格实施,会对企业生产过程、废弃物处理、产品规格等有更高的要求。一旦企业有违反法律法规的行为,必将处以罚款,使企业的环境补偿成本增加。企业从长远利益出发,为了减少环境补偿成本,会投入资金维持或改造生产加工、污染物处理等系统,这将使环境发展成本或环境维持成本增加。法律法规越严格,企业发生环境补偿成本的可能性就越大,为了降低可能发生的巨额补偿成本,企业将会加大环境维持或发展成本。环境成本的迅速增加,必然会使企业产生压力,引起管理层的高度重视,加强企业的环境成本控制。

三、基于博弈论的环境成本控制的必要性

假设前提:①参与博弈的各方都是理性的人,都将追求自己的利益的最大化。②参与博弈的双方都知道对方的策略以及各种策略的收益或者是成本。

---

① 娄延伟. 关于企业环境成本控制必要性的论述 [J]. 企业导报,
2010, (5):64.

(一)企业与政府之间的完全信息静态博弈

1.博弈要素假设与分析

企业作为一个理性的经济人,追求经济利益的最大化是其发展目标。但是其发展经济的同时必将产生环境污染,对于这部分污染的治理将增加企业的经营成本,减少企业的利润。而政府作为企业的监管以及社会的管理机构,对社会环境的管理有着不可推卸的责任。因此,政府会希望企业能将环境成本内部化,也就是说要求根据"谁污染谁治理"的原则,将治理环境污染的成本划分到每一个产生污染的企业。

(1)假设社会环境污染治理的总成本为 C+G(C>O,G>0)。C是指企业应该担当的部分成本;G是指政府应该担当的部分成本。

(2)假设如果企业承担了自己应当承担的那部分成本,也就是说企业进行了环境成本的控制,而且政府监管严格,得知了这一情况,政府就会对企业进行奖励,例如税收的优惠、贷款的利息优惠等,这部分的优惠表示为1。

(3)假设如果企业没有承担自己应该承担的那部分成本,也就是说企业没有实施环境成本控制,而且政府的监管严格,得知了这一情况企业就面临着政府的罚款,罚款的金额表示为F。具体的成本矩阵如表7-1所示。

表7-1　政府与企业的完全信息静态博弈

	企业实施环境成本控制(α)	企业不实施环境成本控制(β)
政府监管(Y)	G+1,C-1	G+C-F,F
政府不监管(N)	G,C	G+C,0

2.博弈双方的成本分析

（1）从政府的角度来看：①当政府选择Y，也就是选择对企业进行监管时，政府能获得的效益（政府为此付出的成本）U（Y，α）=G+l或者U（Y，β）=G+C-F。②当政府选择N，也就是选择不对企业实施监管时，企业能获得的效益（政府为此付出的成本）U（N，α）=G或者U（N，β）=G+C。

在这个博弈当中，当企业选择实施环境成本控制时，此时政府选择监控的成本为G+l要大于不实施监控的成本G；当企业选择不实施环境成本控制时，此时政府选择监控的成本为G+C-F要小于不监控的成本G+C。

（2）从企业的角度来看：①当企业选择α时，也就是实施环境成本控制的时候，企业的效益（也就是企业将花费的成本）U（Y，α）=C-l或者U（N，α）=C。②当企业选择β时，也就是企业选择不实施环境成本控制时，企业的效益（也就是企业将花费的成本）U（Y，β）=F或者U（N，β）=0。

当政府选择不监管时，企业选择不实施环境成本控制所花费的成本为0小于企业实施环境成本控制所花费的成本C。

当政府选择监管时，企业不实施环境成本控制的成本为F；企业实施环境成本控制的成本为C-l。

在这个博弈中，如果F＜C-l，那么β为企业的严格优势策略。也就是说如果F＜C-l，那么企业将选择不实施环境成本控制，因为在这种情况下，无论政府怎么选择，是监管还是不监管，企业不实施环境成本控制所花费的成本都比实施环境成本花费的成本要高。

(二)政府与企业的完全信息动态博弈

1.博弈要素的分析

加大罚款的力度,虽然会使得企业不存在一个严格的优势策略,也不能确保企业就一定会选择实施环境成本控制。因为在政府实施监管的时候,企业实施环境成本控制要优于不实施环境成本控制;可是如果政府不实施监管,那么企业选择不实施环境成本控制则要明显优于实施环境成本控制。

这个时候就要考虑到另外一个因素,政府实施监管的概率问题。当政府的监管的概率不一样的时候,博弈的结果可能也不一样。假设政府对企业实施监管的概率为A;不实施监管的概率为B,具体的成本矩阵如表7-2所示。

表7-2　企业与政府的完全信息动态博弈

	企业实施环境成本控制（α）	企业不实施环境成本控制（β）
政府监管（Y）	A*(G+1),A*(C-1)	A*(G+C-F),A*F
政府不监管（N）	B*G,B*C	B*(G+C),0

2.博弈双方的成本的分析

对企业而言:①企业实施环境成本控制的效益 $U(Y,\alpha)=A*(C-1)$ 或者 $U(N,\alpha)=B*C$。②企业不实施环境成本控制的效益 $U(Y,\beta)=A*F$ 或者 $U(N,\beta)=B*0$,在这种情况下,企业的效益与政府的监管如图7-1所示。

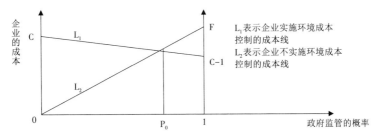

图7-1　企业的成本与政府监管的概率关系图

设政府监管的概率为X,企业的成本为Y,可以得到方程式:

$$\begin{cases} Y_1 = FX \\ Y_2 = C - lX \end{cases}$$

令 $Y_1 = Y_2$,可以求得 P_0 处的概率为 $X=C/(F+l)$。

由图7-1可知,当政府的监管概率位于 P_0 左边的时候,也就是政府监管的概率小于 $C/(F+l)$ 时,企业会选择 L_2 成本线,当政府的监管概率位于 P_0 右边的时候。也就是政府监管的概率大于 $C/(F+l)$ 时,企业会选择 L_1 成本线,也就是实施环境成本控制,因为此时的实施环境成本控制的成本比不实施环境成本控制的成本低。

(三)基于博弈论的环境成本控制必要性的结论

1.加大罚款的力度

政府对于那些不实施环境成本控制的企业的罚款力度一定要大,至少要比企业实施环境成本控制时所花费的成本高要多,即要使得F大于C-l。很多企业明知道不实施环境成本控制可能要面临政府的罚款却不实施环境成本控制,主要原因就在于处罚的力度太小,甚至要小于他们实施环境成本控制的成本。所以与其自己去花较大的代价去治理污染,还不如去承担企业的相对数额较小的罚款。

2.加大监督的力度

政府实施监管的概率要大,也就是要加大监管的力度,杜绝企业的侥幸心理。企业之所以不愿意进行环境成本的控制,哪怕面临巨额的罚款,是因为他们知道政府对他们进行监管的可能性很小,基本属于小概率事件。

第三节 环境成本中的绿色节能建筑施工技术的应用

一、从环境成本透析节能减排

环境成本已成为企业经营成本中不可忽视的一部分,企业加强环境成本控制的紧迫性也越来越强烈。为了协调经济发展与环境保护的关系,我们需实施节能减排,建立相应配套的节能减排政策体系,加强环境成本的核算与控制,真正实现经济与环境的可持续发展。

(一)实施节能减排的原因

1.社会原因

我们在日常生活中能体会到环境污染和生态恶化,但实际的污染程度却远超出我们的预想,因为环境污染和生态恶化的积累对人类造成的灾难是无法估计的。

我国人均水资源不到世界平均水平的1/3,多数城市缺水,人均森林面积不到世界平均水平的1/5,消耗的石油约一半需要进口。这些能源、资源的浪费不仅意味着财富的白白流失,也导致空气、河流和土地的污染,威胁着我们的健康和安全。

针对我国当前面临的经济社会快速发展和人口增长与资源环境约束的突出矛盾,实施节能减排,既是促进经济社会可持续发展的需要,也是保护我们的生存环境,提高生活质量,应对全球气候变化的迫切需要。

2.经济原因

所谓环境成本,是指本着对环境负责的原则,为管理企业活动对环境造成的影响采取或被要求采取措施的成本以及因企业执行环境目标和要求所付出的其他成本。通常来说,它主要包括主动性支出(污染预防和污染治理支出等)、被动性支出(排污费、罚款、赔偿金等)。经济的较快增长不能抵消现实的环境破坏,就是因为人们忽略了环境成本。如果把可预见的环境成本全部计入,那么我国的GDP总量实际上会下降。

面对数额如此庞大的环境成本,迫切需要实行节能减排。但如果在实践中为了节约能源、减少污染片面强调降低成本,势必挫伤企业为未来增效而支出某些短期看来高昂但却必要的费用的积极性,从而影响企业技术革新。实施节能减排,虽然从短期看经济支出可能会较大,但从长期看,它可以获得由于减少环境成本而带来的更多的成本效益。

(二)从环境成本角度实施节能减排的措施

1.国家社会方面

国家和政府在环境保护中应充分发挥主导作用,不断为企业降低成本、努力实现节能减排寻找新思路、新方法。

(1)大力发展循环经济。循环经济把清洁生产、资源综合利用、生态设计和可持续消费融为一体,是一种生态经济,它通过构建生态链,推进行业间废物循环利用,控制和减少污染物的排放,从而尽量减少环境治理成本。目前,在发达国家,循环经济已成为一般潮流和趋势。在我国,还处于起步阶段,今后要花大力气完善循环经济方面的法规,落实各项措施,真正实现经济的循环发展。

(2)强化废弃物有偿排放制度。提高废弃物排放成本,并将其提高到处理废弃物的成本之上,使废弃物再利用和无害化处理企业成为盈利企业,可以增加企业实施节能减排、降低环境成本的积极性。

(3)提供技术资金扶持。节能减排需要企业付出必要的成本,国家除了采取必要的政策之外,在技术资金上的支持不仅可以较快地贯彻落实节能减排,还可以减轻企业由于更新改造污染设备带来的环境保护维持成本。

(4)提高环境违法成本。对企业排放的废弃物进行检测,加大对排放超标企业的罚款,且罚款要高于保护环境而带来的更新改造设备的成本。

(5)完善环境法制。进一步加强环境立法,加快配套环境法规的制定,有效解决"违法成本低、守法成本高"的问题。

(6)将环境成本纳入定价机制。将环境成本纳入定价机制是在2007年实行的,在资源性产品价格发生变动的同时,排污费、污水处理费和垃圾处理费的征收标准也提高了。从此环境治理成本和资源枯竭后的退出成本将共同作为环境成本计入产品定价中。

(7)实行绿色GDP核算制度。通常,在一个国家的经济生活中,人们所关注的是那些量化的经济指标,如国内生产总值(GDP)和国民生产总值(GNP)等,而在计算这些指标时,虽然环境为经济发展付出了代价,但却没有被纳入成本核算之中。

所谓"绿色GDP",就是从现行GDP中扣除环境资源成本和对环境资源的保护服务费用。它在社会经济发展与相应的环境资源代价之间建立起一种关系,既可以看到准确的GDP增长数据,又可以看到其背后的环境成本。

曾经有人对于环境成本做过不完全估计:假定1978~1987年间的环境成本为当年GDP的1%,1988~1997年的成本为GDP的2.5%,1998~2007年的成本为GDP的3.5%,那么30年改革期间累积的环境成本就可能高达2007年的GDP的1/3,而绿色GDP仅占2/3。所以,建立绿色GDP核算制度,实现绿色GDP的增长,必须在经济发展水平一定的情况下,努力降低环境成本,而目前降低环境成本主要是依赖于节能减排的实施。

2.企业方面

(1)发展绿色科技。企业实行绿色科技,有效地利用资源,减少污染排放,虽然在短期内增加了成本,但从长远来看不仅充分发挥了科学技术在节能减排上的作用,还减轻了企业未来的环境污染成本,从而增加了企业在未来的效益。

(2)转变成本管理观念。企业的成本管理观念要从片面地降低成本转变成全面地看待投入产出的合理性,实现成本效益的最大化。如果未来能减少环境成本,带来更大的经济效益,那么此时相应的成本增加就是合理的。

(3)完善企业成本控制系统。在构建成本控制系统时,除了包含传统的物化劳动和活劳动外,还应把环境成本纳入企业成本控制系统,对环境成本进行充分的预测、计划和核算。

尤其是加强对企业自身在生产经营过程中所发生的环境成本的控制,也就是运用一系列的手段和方法,对企业生产经营全过程所涉及的有关生态环境的各种活动进行一种约束化管理,实现企业经济效益和环境效益的最佳结合。

(4)加强企业间的协作。仅凭单个企业很难使节能减排、降低环境成本达到满意的效果,但如果同类企业或者是具有纵向关系的上下游企业能够联合起来,互相协作,作为一个整体共同对环境成本进行控制,那么效果应该会很明显。因为企业间的相互协作可以发挥规模效应,使环境成本控制能够事半功倍。这样就促进了多个企业或是某一行业的节能减排政策的实施。[①]

二、绿色节能建筑施工技术的应用

(一)绿色节能建筑施工概述及必要性

建筑工程施工中会消耗大量资源,绿色建筑则在施工中兼顾了自然资源、人类健康等多方面因素,使环境更加清洁、健康。而绿色节能建筑的建造和维护成本也比较低,充分实现节能、节地、节水以及环境保护内容。

绿色节能建筑的发展是实现了对资源的有效利用,是实现可持续发展的有效途径,在社会转型时期调整了自然资源、生态与人类之间的关系,有利于促进低碳经济的发展,并在一定程度上促进了建筑施工技术的革新,使各项资源得到合理配置,可以使建筑的施工效益得到提高。

---

①吴茜. 基于节能减排视角的企业环境成本管理研究——以XX企业为例[D]. 重庆:重庆理工大学,2014.

(二)绿色节能建筑施工技术应用

1.外墙体施工中的应用

(1)外墙体中绿色节能施工技术的应用。主要是采用空心砖的方式,使黏土砖的使用量减少。在砌筑空心砖的时候,施工人员要采取合理的砌筑方式,严格按照施工图纸进行砌筑施工。如果在外墙体施工中出现裂缝,极易造成墙体内外热量交换和裂缝处雨水渗漏问题,因此要及时采取合理措施解决保障建筑施工质量。

(2)墙体的保温技术,要实现外墙体的绿色节能就不能忽略墙体保温施工处理。在施工中,很多企业采取的是外侧墙体设置,而内侧墙体不设置方式。因为内侧墙体设置则会增加施工成本,并且对材料的需求量较大,不利于实现资源节约。同时在进行喷涂、粘黏、干挂等施工操作时要注意选择合理的方法,在保证质量的前提下减少资源浪费。此外,施工人员还需要在保温层涂刷防水层,并在涂料表面干燥的情况下及时喷洒界面剂,以保证墙体防潮功能。

2.屋面施工绿色节能技术应用

屋面施工的绿色节能也是建筑施工中实现绿色节能的重要工作,在施工中要使绿色节能施工深入人心,采用浇筑泡沫混凝土或者硬质聚氨酯泡沫塑料等,能够有效阻挡雨水和阳光对屋面材料的破坏以及对室内环境的影响,在保证屋面的保温隔热性能、实现室内环境冬暖夏凉的同时,使施工更加便捷、节能。

3.门窗安装施工的绿色节能技术应用

在门窗安装施工中要保障绿色节能的实现,可以从以下几方面进行。

（1）要控制好窗墙的比例。根据房间的朝向以及四季日照情况，对窗墙比例进行合理选择和确定。比如在我国北方，北方的窗墙比通常在20%以下，而南向和东向的略大但仍低于25%，以实现对能耗的降低。

（2）温度阻尼区设置。在进行门窗安装时，设置有效的温度阻尼区可以发挥保温隔热作用，与热闸的功能比较相似，阻挡了冷风入侵，也降低了热损耗。在施工中则需要对阳台和门窗进行封闭处理，使绿色节能效果实现最大化。

（3）选择应用新型玻璃。新型玻璃是一种低辐射玻璃，这种玻璃的反射率较低，能够获取较强的太阳辐射能，起到良好的保温效果。

（4）要保证房屋外墙的气密性。这是门窗绿色节能施工中的重要问题，气密性对绿色节能效果有很大的影响，可以采用具有良好气密性能的泡沫塑料型密封条，并配合使用其他弹性松散的材料或边框，并对缝隙进行灰口密封处理。在玻璃和门窗之间可以使用不同材料进行密封，在保障外墙气密性的同时，达到绿色节能施工目的。

4.建筑表面采光绿色节能施工技术应用

建筑物表面采光实现绿色节能，就要实现对自然光的合理利用，包括直接利用和间接利用两种方式，直接利用方式就是传统的侧面采光方式，这种方法的空间局限性较强。在现代施工中，更多的是间接利用，能够将自然光线提供到更大范围，且视觉舒适度较好，能够使建筑日间供热能源消耗有效降低。

5.地源热泵绿色节能施工技术应用

地源热泵节能技术是现阶段较为先进的保温施工技术,能够对室内温度进行有效调节、降低建筑能耗。这种技术能够使建筑在夏季大量吸收热能,当温度降低时可以将储存的热能释放到室内,保证室内温度的稳定。在使用该技术时,要注意结合具体的地理环境和自然环境,达到节约能源的效果。而且该技术还可以作用于空调系统,使空调系统的能耗也得到减少。

6.合理应用信息技术

如今,人们进入信息时代,信息技术的发展蓬勃,在众多行业领域都得到有效应用。在计算机技术以及信息技术的引导下,建筑施工开始实现绿色、节能、高效。在施工材料方面,使材料实现优化配置,其利用率提高。而在建筑模板设计中,先进的软件可以使设计更加合理,并促进了对模板的循环利用。

除了上述技术外,在实现绿色节能建筑施工的过程中,要积极发展施工技术,并提高创新能力。比如澳大利亚墨尔本的像素大楼,其位于市内重要地段,达到了105项环保要求,是一个碳中性办公楼,全楼宇的供水功能能够实现自给自足。大楼外表皮是一个固定的遮阳百叶系统,背后是双层玻璃窗户,大楼内配置了太阳能电池板,并将其和谐组合在外表皮。像素大楼不仅实现了绿色节能,其独特的外表也提高了知名度。

目前,资源问题和环境问题已成为人类发展的重大问题,绿色节能建筑施工技术的发展则为节能减排做出了重大贡献。只有不断加强对绿色节能施工技术的探索,并进行积极创新,才能促进绿色节能建筑的发展。

参考文献
REFERENCES

[1]杜春晓.建筑工程成本管理[M].北京:中国建材工业出版社,2015.

[2]范静.加强建筑施工企业财务成本管理研究[J].中国乡镇企业会计,2012,(7):136-137.

[3]郭华良.工程项目成本管理[M].武汉:华中科技大学出版社,2013.

[4]韩幸佳.基于价值链理论的建筑施工企业成本管理研究[D].阜新:辽宁工程技术大学,2012.

[5]荆风英.建筑施工企业加强成本与费用控制研究[J].中外企业家,2014,(31):70-71.

[6]江陆.建筑施工企业项目成本管理研究[J].西部大开发(中旬刊),2011,(2):164+174.

[7]卢静,任立乾,彭燕.成本会计[M]北京:机械工业出版社,2011.

[8]李志远.施工项目会计核算与成本管理[M].北京:中国市场出版社,2017.

[9]吕玉惠,俞启元.施工项目成本计划与控制[M].南京:

东南大学出版社,2015.

[10]罗红雨.价值链成本控制研究[M].北京:中国经济出版社,2013.

[11]罗常笑.中小建筑施工企业项目成本管理研究[J].房地产导刊,2017,(6):110.

[12]柳军炎.对建筑施工企业质量成本控制的若干思考[J].安徽冶金科技职业学院学报,2010,20,(2):80-82+85.

[13]刘绍敏,王贵春.建筑施工企业财务管理[M].重庆:重庆大学出版社,2015.

[14]孟全省,王民权.企业成本管理工作标准[M].北京:中国财政经济出版社,2013.

[15]邵天营.作业基础成本控制研究[M].武汉:湖北人民出版社,2010.

[16]斯意舒.建筑施工企业战略成本管理研究[D].西安:西安科技大学,2014.

[17]滕官成,刘勇.建筑工程施工项目成本管理[M].上海:上海交通大学出版社,2015.

[18]吴洁.成本核算在建筑施工企业工程项目管理中重要性分析[J].价值工程,2014,(3):91-92.

[19]熊峰,陈新福,熊燕.建筑工程施工成本控制实战操作[M].南昌:江西高校出版社,2010.

[20]袁家鸣,王金宝.基于信息系统的建筑施工企业项目

成本管理研究[J].科技和产业,2010,10,(6):45-47.

[21]袁德明.建筑企业施工项目成本分析与成本控制管理策略[J].科技与企业,2014,(3):32-33.

[22]严若美.关于建筑施工企业成本管理及研究[J].科技信息,2010,2(17):1141+1124.

[23]张晓威,徐进.建筑施工企业成本控制有效途径分析[J].河南科技,2013,(16):226.

[24]朱宾梅,曹笃娜.建筑施工企业精细化成本管理分析[J].财会通讯,2012,(17):104-105.